大夏书系·学校领导力

校长成长之路
从教育叙事看校长的胜任特征

刘维良 王淑娟 著

华东师范大学出版社
全国百佳图书出版单位

目录 Contents

序　言 / 001

第一部分　校长叙事与校长成长

第一章　教育叙事研究概述 / 003
一、相关概念范畴界定 / 004
二、教育叙事研究有何特点？ / 006
三、教育叙事研究有哪几种类型？ / 008
四、如何区分教育叙事研究与案例研究、行动研究？ / 011
五、校长进行教育叙事的常见内容 / 012

第二章　校长叙事的深层涵义分析：多学科的视角 / 019
一、校长叙事的语言学视角 / 019
二、校长叙事的质性研究视角 / 022
三、校长叙事的职业生涯发展视角 / 024
四、校长叙事的心理学视角 / 030

第三章　校长成长历程：校长生活史的视角 / 033
一、从校长生活史看其职前成长历程 / 033
二、校长生活史中的关键事件 / 035
三、影响校长职业成长的重要他人 / 057

第二部分　校长的胜任特征

第四章　校长叙事：行为事件访谈 / 073
一、行为事件访谈法 / 073
二、为什么要用行为事件访谈法 / 074
三、校长行为事件访谈的实施 / 075
四、口语主题分析与编码 / 085
五、校长胜任特征的确定 / 087

第五章　成就特征 / 091
一、成就导向 / 091
二、学校规划 / 094
三、挑战性 / 096
四、主动性 / 099

第六章　影响特征 / 101

一、影响力 / 101

二、有效沟通 / 106

三、人际理解 / 111

第七章　管理特征 / 115

一、人才培养 / 115

二、团队领导 / 122

三、组织协调 / 125

四、信息寻求（资源利用）/ 130

第八章　认知特征 / 136

一、反思力 / 136

二、创新性 / 145

三、学习领悟 / 150

第九章　个人效能 / 156

一、自我控制 / 156

二、诚信正直 / 158

三、自信心 / 160

四、责任心 / 161

序　言

　　本书希冀通过在校长教育实践和校长研究中获取的校长教育故事，探索校长成长规律及校长的胜任特征。

　　多年从事中小学校长培训和校长职业特征的研究，我们总在探讨一个问题："什么因素决定一个人成为校长及作为校长应具有哪些品质"，而要回答这个问题，我们应探索一种框架和模式来了解校长的个人发展历程及专业发展生涯，应聚焦校长任职之前的生活成长史和任职之后的专业发展史。个人成长包括校长从童年到成年的成长过程，如家庭背景、教育背景、特殊事件、个人特征、社会环境等影响因素。专业发展包括校长进入职业生涯后的专业发展，如价值观、成就感、团队精神、服务意识、领导能力、管理策略等影响因素。

　　本书共分为两部分，分别运用不同的教育叙事方法探索影响中小学校长成长的因素和作为校长应具备的胜任特征。

　　第一部分为校长叙事与校长成长。主要是对教育叙事有关问题进行综述和校长叙事的多视角分析，重点探讨校长职前的成长史及影响因素。这部分校长叙事主要取材于北京市2011年"新任校长胜任力培训"班的学员作业之一：《走向校长之路——谈谈我成为校长过程中的那些事》。培训对象是全市16个区县在2009年和2010年内新任的正职中小学校长。本人是这个班的指导教师，王淑娟老师是副指导教师，全程参与整个培训过程。当时北京市校长队伍大面积新老更替，校长队伍呈现年轻化趋势,为了提高新任校长的综合素质和岗位适应能力,缩短职业适应期,有目的地对新任校长进行专项培训,同时,我们根据校长成长的阶段特点、新任校长的工作特点和发展需要,有针对性地设计学习内容,以促进他们更好、更快地成长。根据教学安排,我们设计了一个学员作业——校长成长档案袋,即《走向校长之路——谈谈我成为校长过程中的那些事》,每个校长根据写作模板要求,像小学生写记叙文一样,从儿童、青少年到大学、工作后,再到走上教学行政岗位,选取十个典型的故事进行叙述,这些故事涉及或明或暗地影响校长成长的关键事件或重要他人。可以发现:校长故事的发展通常始于家庭生活,接着拓展于学校经验,展开于职业生涯。校长从故事叙述中消化了自己的经验,从经验中找到了自我认同,积淀人生阅历。从故事构成的要素中,我们能觉察到校长的兴趣、能力、价值与动机,看到校长成长历程中背后的社会心理因素。

第二部分是校长的胜任特征。主要介绍行为事件访谈法及对校长胜任特征的典型访谈案例进行分析。这部分校长叙事来源于"十一五"期间"校长胜任力研究"课题中的校长访谈资料。校长行为事件访谈采用开放式的行为回顾式探察技术,让被访谈校长找出和描述他们在工作中最成功和最不成功的2~3件事,然后详细地报告当时发生了什么。具体包括:这个情境是怎样引起的?牵涉到哪些人?当时是怎么想的,感觉如何?在当时的情境中想完成什么,实际上又做了些什么?结果如何?在访谈录音进行文本转换之后,对收集到的具体事件和行为进行汇总、分析、编码,然后在不同的被访谈校长(优秀校长和普通校长)之间进行对比,就可以找出校长岗位的胜任特征。行为事件访谈法是一种有效、可靠和有用的方法,有较高的内容效度,它通过对访谈资料进行可靠的编码和统计分析,对结果进行解释,把被访谈者在事件中表现出来的胜任特征与高绩效联系起来。

本书在借鉴以往的校长研究成果的基础上，试图做到以下几点：

首先，注重校长主体性。研究校长的职业行为而脱离校长个体的特性是不明智的，任何试图用单一因素解释校长在学校环境下的组织行为都会面临很大问题。大部分书籍和研究在谈到校长时，主要谈论校长的职业角色，而对校长的个人特征涉及不多。校长也是一位普通的有生命的个体，他们必须经历生命的发展变化，时时刻刻体验着生命的价值和意义，可以说，校长在学校所扮演的角色有极大部分是校长内在特质的展现。

其次，多种研究方法并用。教育科学的学术水平在一定程度上取决于其研究方法的科学性。在我国，对中小学校长的工作职责和素质结构所做的研究比较多，而对这个群体真正在做什么、怎样做和为什么做的研究还很少；对中小学校长的研究，思辨性和谈论性的比较多，而真正的现场描述和行为分析的研究较少。因此，我们在校长教育培训实践与校长研究中，运用教育叙事的方法，对作为教育叙事主体的校长及其叙事文本进行质性与定量研究，从而探索校长发展规律。

最后，关注被研究校长对研究的介入和影响。在校长个体或校长群体的研究过程中，被研究校长都是活生生的人，不仅仅是一个学术研究的客体，还应作为关系主体主动参与到研究过程中，研究者不再是传统意义上的评判者，被研究者也不再是传统意义上的认识客体，二者应该构成和谐、宽容和积聚亲和力的研究氛围。所以，我们要深入校长的生活世界，体会和分享他们的喜怒哀乐，用一种新型的人际态度和思维方式体验和协调不同校长的价值观。

本书第一部分由王淑娟老师撰写，第二部分由本人撰写。特别感谢为研究校长叙事提供原始素材的校长们，正是他们多角度的鲜活生动资料，使我们分享到校长们成长和成功的经验，同时我们也体验到校长们为教育事业做出的贡献。也感谢两个项目团队成员在校长培训和校长研究过程中的奉献。本书在写作过程中存在许多不足和问题，恳请一线校长和专家批评指正。

刘维良
2017 年 11 月

第一部分

校长叙事与校长成长

第一章 教育叙事研究概述
第二章 校长叙事的深层涵义分析：多学科的视角
第三章 校长成长历程：校长生活史的视角

第一章 教育叙事研究概述

现在,很多学校都在积极探索、创新校本研究形式,寻找更适合校长和教师采用的研究类型,其中,倡导管理干部和教师"讲述我的教育故事"就是一种尝试。实际上,这种讲述故事的形式也是教育研究中经常使用的一种类型——教育叙事研究。

目前,我国教育界涌现了大量的教育叙事研究成果。如朱永新主编的《新教育文库·我的教育故事》丛书,记录了发生在"新教育实验"背景下一个个真实鲜活的教育故事。李镇西在其主编的《新教师成长日记》的序中说:"如果硬要说我和大家有什么不一样的话,那就是我对体现教育的爱、执著、困惑、幸福、方法、技巧的故事进行了些思考,并把它们一点一滴地记载了下来,还写成了书,仅此而已。"此外,教育随笔作为展示教育工作者生命气蕴的写作方式也得到了教师的青睐。

华东师范大学出版社出版的"大夏书系·教育随笔"(第一辑)已出版了8本,每一本都进入了2005年全国教师用书畅销榜前100名。更值得一提的是,随着网络的不断进步,信息技术赋予了教育叙事新的含义,尤其是教育叙事研究与博客、微博、微信公众号相结合,把管理干部和教师的所思所想与全球化的数字化交流环境融为一体,为每一位普通教育工作者的发展提供了一个崭新的世界,从而使教师真正成为专业发展的主体,涌现出了颇具教育叙事色彩的教育博客群。①

一线教育工作者如果能够正确地使用教育叙事研究，就可以有力地提升管理干部和教师的理论素养和思维品质，很好地促进管理干部和教师的专业成长。基于一线校长涌现出越来越多的叙事文本，急需对这些"大数据"进行再分析，本书采用对一线校长撰写出来的叙事文本进行跨学科研究的视角。

一、相关概念范畴界定

有些人可能刚刚接触到教育叙事，对于这种新型教育研究方法存在一堆的疑问，比如：什么是教育叙事研究？与其他研究方法相比，它有何特点？它有哪几种类型？它与案例研究、行动研究有何区别？下面就这些典型问题逐一作简单回答，澄清基本概念。

叙事、叙事研究、教育叙事研究与校长的教育叙事研究是几个环环相扣、相互关联的概念。这几个概念相互之间的包含关系可以用下页图来表示。关于"叙事"的定义有很多，但最基本的内核就是"讲述事情"。叙事研究是指任何使用或分析叙事材料的研究，它是抓住人类经验的故事性特征进行研究并用故事的形式呈现研究结果的一种方式。②叙事研究的出现，与现有理论表述的"宏大叙事"相对应。一般来说，"宏大叙事"以思辨性为主要特征，强调缜密的逻辑思维。在历史叙述中，以个体经验为基础的"私人叙事"与以群体抽象为基础的"宏大叙事"构成了一种紧张的对应关系。"宏大叙事"常常居于强势地位，因而往往构成对"私人叙事"的侵犯、涂抹、覆盖或清除，使自己成为唯一的历史记忆，结果必然会造成历史记忆的"缺失"。在教育领域也同样存在这样的情况。

---

① 邹小英. 教育叙事研究在中国 [D]. 西南大学, 2008：13.
② 程方生. 质的研究方法与教师的叙事研究 [J]. 江西教育科研, 2003 (8)：22-24.

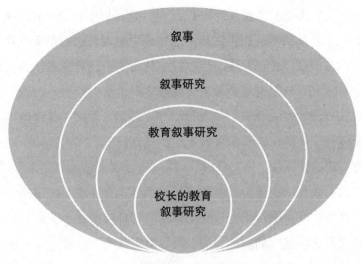

相关概念关系图

翻开很多教育类学术期刊和著作，我们通篇看到的都是揭示教育规律、界定教育概念、阐释教育理论、提炼教育模式、探讨教育策略的"宏大叙事"，完全找寻不到教育实践工作者活生生的工作状态。若干年后，如果只有这些期刊、著作文献可以留存后世，那么以后的人们将很难知晓我们现在的学校究竟是如何运转的，教师是如何在课堂上实施教学的，学生每天又是怎样学习的。可贵的是，教育叙事研究出现了。它完全不同于传统书斋中的学术研究，一扫教育理论界的沉闷气氛，缩短了高校学者理论研究与中小学教师校本研究之间的鸿沟，成为沟通二者的桥梁，借助它，教育理论研究者和实践工作者能形成良性互动。

对教育叙事研究概念的界定尚无定论，不同学者给出了不同的界定，如有学者认为教育叙事研究是研究者以叙事、讲故事的方式表达对教育的理解和解释。它不直接定义教育是什么，也不直接规定教育应该怎么做，只是给读者讲一个或多个教育故事，让读者从故事中体验教育是什么或应该怎么做。多数情况下，是研究者采用讲故事的方式叙述自己的教育经历和体验，实质是反思自己的教育教学实践，"以叙事的方式反思并改变着自己的生活"①。这种界定强调研究者作为叙述者和议论者的角色，在讲述故事的过程中融入自己的思考，它不强调教育研究的规范性，是随时可以发生的研究。还有学者认为，所谓教育叙事研究，就是通过教育主体的故事叙说来描绘教育行为、进行意义建构并使教育活动获得解释性的意义理解。②这一界定强调研究者需要遵从一定的研究步骤展开系统的质性研究。以上这两个概念界定都有一定的代表性。

目前，教育理论界对教育叙事研究的外延存在很大的争论。一派认为，教育叙事研究仅指以一线工作者的各种叙事文本为对象附以深度访谈和观察所进行的质的研究。另一派则认为，除此之外，中小学校长或教师"讲述自己的教育故事"也理应纳入教育叙事研究的范畴，教育一线工作者以叙事来承载自己的反思和行动过程也是叙事研究。我赞成后一派观点。相应地，我认为，校长的教育叙事研究是指以叙事的方式反思自己或分析他人的教育、教学和管理工作的研究方式。对此，后文将重点论述。

二、教育叙事研究有何特点？

在研究目的上，教育叙事研究不强调要有理论新发现，也不主张总结规律，而是要活生生地呈现教育的原生态及其思考。这本身就是对科学研究的一种贡献，科学研究除了要有穿越时空的"宏大叙事"之外，也需要这种直观展现每个个体在每一天学校教育中所经历的"生命颤动"的"私人叙事"。教育叙事研究工作的价值也不在于研究程序及结论的推广，而在于具体教育问题的解决、教育经验的意义重构和教育主体（教师和学生）的发展，并期望通过其激发共鸣，使倾

---

① 刘良华.改变教师日常生活的"叙事研究"[J].全球教育展望，2003（4）：16-20.
② 岳龙.感悟教师的真实生活[N].教育时报，2004-2-5.

听者和阅读者获得基于自身的启示。

在研究对象上，教育叙事研究往往选择单个或几个校长、教师、学生、家长进行深入研究，考察他们过去和现在某方面的工作、学习和生活经历，关注他们的微观心理世界、理念更新过程以及专业成长历程等，深入到他们真实的家庭、工作和学习生活中，洞察现象背后的规律。

在使用方法上，规范的教育叙事研究主要以"质的研究"为主，倡导采用深度访谈、现场观察、文本分析进行资料收集，并运用扎根理论①的编码技术对素材进行原创分析，建立自己的理论解释框架，悬置和摒弃先入为主的观念，直面事件本身。

在成果表述上，叙事是一线教育工作者更容易掌握的反思载体和行动研究成果表述形式。叙事研究最终的报告形式就是重构故事并选择一定的记叙风格将其表达出来。研究者"讲述自己或他人的故事"是叙事者新思考和新感悟的纪录，强调原创，强调元体验，强调对细节、情节的描述。所叙之事必须是真实的，需要对事件发生过程进行"深描"，有对细节的刻画。可以看出，它并没有像大多数研究方法那样要求以严格的格式呈现研究结果，主要还是以边叙边议的形式反思情节的发生，常常以时间为轴，强调对场景的还原和事件来龙去脉的交代。不做归纳式的规律描述，忌讳将叙事文本写成工作报告或论文，显然中小学校长更喜欢这样灵活的研究结果呈现形式。

---

① 扎根理论是一种进行质的研究的方式，其主要宗旨是在经验资料的基础上建立理论。研究者在研究开始之前一般没有理论假设，直接从实际观察入手，从原始资料中归纳出经验，然后上升到理论。这是一种自下而上建立实质理论的方法，即在系统收集资料的基础上寻找反映社会现象的核心概念，然后通过这些概念之间的联系建构相关的社会理论。扎根理论一定要有经验证据的支持，但是它的主要特点不在其经验性，而在于它从经验事实中抽象出了新的概念和思想。

三、教育叙事研究有哪几种类型？

关于教育叙事研究的类型划分，角度不同，结果也不一样。主要有这样几种观点：

根据叙事内容的不同，大致存在两种模式：一种是分析他人的叙事（邱瑜，2003；康永久等，2003），研究者是独立于叙事情境之外的，通过预先设计的与参与者的沟通环节，比如画图、故事接龙、访谈等，对其口头叙事报告或提交的书面文本如日志、教后记、教育随笔等进行分析，强调研究者与参与者之间建立平等的、相互关心的、合作的团队关系；另一种是当事人讲述自己的故事（李明汉，2003），研究者和叙事主体是同一的，以叙事的方式反思并改进自己的教育实践，在方法上体现出行动研究的特点，也就是教师叙事的行动研究。[①] 在教育叙事的两种类型中，当事人叙述自己的故事属于广义上的教育自传，其形式比较灵活；而对于"旁观者"叙述当事人的故事的叙事研究而言，则必须符合基本的研究规范。[②]

根据教师叙事倾诉的对象不同，叙事研究可以分为教师个人自省性叙事研究和多人分享式的叙事研究两种方式[③]：自省性叙事研究是教师以自我对话的形式，将故事在头脑中重现或者通过一定的文字载体记录下来，进行自我反思的一种方式。自省性叙事研究可以有很多表现形式，既可以是教师内部心灵对话的无形的表现形式，也可以通过教学日志、日记、传记等有形的方式将内部思维活动展示出来。分享式的叙事研究是指，因为自身的经验、知识有限，有些问题教师无法通过自我思考寻求到解决方法，教师可以将这些问题以故事的形式倾诉给他人（同行、研究者等）听，在与他人一起分享故事中寻求问题

---

① 张俊.教师叙事研究的问题反思［D］.西南大学，2010：4.
② 宁虹.教育研究导论［M］.北京：北京师范大学出版社，2010：159.
③ 刘桂辉.教师如何做叙事研究［J］.中国教师，2006（8）：44-46.

解决策略。在这种叙事研究中教师仍是讲述者，只是倾听者除了教师外还有教师同行或者研究人员，教师与自身、与他人进行着多方面的对话。

根据研究者所采用的研究过程，现有的教育叙事研究可以划分为两种类型：第一种，"讲述自己的感悟或实践改进过程"，主体以叙事、讲故事的方式表达自己对教育的理解和解释，阐释教育事件的过程本身就是一种研究，也就是以记述的方式开展教育研究。这种教育叙事不讲理论，也不谈经验，完全不同于我们常见的论文、总结、案例分析等。这些"故事"样式的实践记录是具体的、情境性的，活灵活现地描绘出教育的经验世界，是学生、教师和校长心灵成长的轨迹，是教育工作者从事本职工作中真情实感的流露。

另外，当中小学教育工作者既是"叙说者"又是"记叙者"，而且所叙述的内容涉及自己的教育实践及某些教育问题的解决过程时，他们的"叙事研究"就成为自己的"行动研究"，实质是一种"叙事的行动研究"。分析自己的故事，这时研究者和叙事主体是同一的，在方法上具有行动研究的特点。对于此类教育叙事研究常见的批评是"有叙事而无研究"。有研究者认为，此类教育叙事研究不能构成研究，只能算作在"叙事"。但是，丁钢、刘良华等教授认为此类叙事研究也必不可少，不能否认、贬低一线教育工作者所进行的这种叙事研究。

第二种，"分析他人的叙事"，是对各种教育叙事主体及其叙事文本进行的质性研究。这时研究者是独立于叙事情境之外的，通过设计好的与参与者的沟通环节，对其口头叙事报告或书面文本（案例、教案、论文、日记、教后记、读书笔记等）进行深度分析。这种类型可看作是"叙事的人类学研究"。此时，研究者要关注教育事件以及多种教育事件之间的"结构"，尽量使所叙述的教育现象呈现出某种"结构"或"理论框架"，保持"教育理论"与"教育实践"之间的"互动"。[1] 以上这两种不同类型的教育叙事研究既有区别又有关联。前者

---

[1] 刘良华.改变教师日常生活的"叙事研究"[J].全球教育展望，2003（4）：16-20.

是教育叙事主体讲述教育生活中事件的叙述行为，重点在于"呈现"教育经验；而后者是指教育研究主体依据教育叙事来进行研究的行为，重点在于"诠释"教育经验。①

还有研究者从叙事研究从事者的职业定位来划分不同类型的教育叙事研究。刘良华认为，教师叙事研究大致分化出两条道路：一条是"叙事的教育行动研究"，另一条是"叙事的教育人类学研究"。前者主要是中小学教师自己展开的研究方式，也可以是中小学教师在校外研究者的指导下所使用的研究方式；后者主要是大学研究者以中小学教师为观察和访谈的对象，或者以中小学教师所提供的"想法"（包括教师的内隐理论、个人理论）或中小学教师所提供的文本为"解释"的对象。在叙事研究中，这两条研究道路都以自己的方式表达出教育研究的意义和价值。

在与中小学教师合作研究的过程中，我们常常与他们就同一节课（同一教育事件）分别展开两类叙事研究。中小学教师以"叙事的教育行动研究"方式叙述，我们则以"叙事的教育人类学研究"方式叙述。除了叙述的主体不同之外，我们的叙述与中小学教师的叙述另外一个不一样的地方是我们更关注该教育事件以及多种教育事件之间的"结构"，尽量使所叙述的教育现象呈现出某种"结构"或"理论框架"，保持"教育理论"与"教育实践"之间的"互动"。② 中小学教师和管理干部多从事教育叙事的行动研究，而高校理论工作者则以中小学教师的叙事文本为研究对象进行人类学研究。从这个角度看，本书应该属于教育叙事的人类学研究范畴。

区分教育叙事研究的类型，可以使人们明晰各自的研究目的、研究范围、研究方法及其使用意义，以便更好地应用。实际上，在叙事研究过程中，几种类型并不是截然分开的，因为在"叙事的教育人类

---

① 张俊.叙事研究的问题反思［D］.西南大学，2010：10.
② 刘良华.改变教师日常生活的"叙事研究"［J］.全球教育展望，2003（4）：16-20.

学研究"中,校长通过分析他人的叙事可以引起其对自身管理实践的反思,从而改变校长的实践。而在"叙事的教育行动研究"中,校长也可以通过研究,总结自己的实践经验并提升为教育管理理论。[1]

在实际研究中,我们可以根据自己的研究目的、特长灵活选用不同的叙事研究类型。

四、如何区分教育叙事研究与案例研究、行动研究?

叙事研究不同于案例研究。案例研究的研究对象是真实情境中的问题,可以是单个案例,也可以是多个案例,可以采用定量的方法也可以采用定性的方法;而教育叙事研究相比于案例研究来说,关注的是教师的个体经验,采用深度描述的方法,试图通过统整教师现在、过去及未来的时间性去发掘事件背后的意义和结构。[2] 有些教育叙事研究容易写成案例分析的模式,把叙事分成"事例"和"理论"两部分,不是在叙述中自然地体现一定的理论,也不是基于叙事材料本身通过恰如其分的议论来显示某种理论,而是把看似和所叙之事有些关联的"先进理论"直接搬过来。这种外加理论的做法肯定和研究无缘,显然也不符合教育叙事研究的精神。在教育叙事中,故事和评析不能"两张皮",对教育的论释和规律的揭示不能"贴标签",更不能"对号入座"。叙事研究框架下的教育故事,不同于案例分析,其事例和理论不是"两张皮",而是融于一体的理论,蕴含在故事字里行间的叙述中,体现在基于故事内容的适时、适中而巧妙的议论和抒情中。

叙事研究与行动研究在教育实践工作者那里有着天然的联系,很多校长和教师在本职工作中都采用行动研究的方式改进教学或管理中出现的问题,而且,他们常常习惯于以叙事作为载体将行动研究过程

---

[1] 邹小英. 教育叙事研究在中国 [D]. 西南大学, 2008: 20.
[2] 张俊. 教师叙事研究的问题反思 [D]. 西南大学, 2010: 6.

中的所思所做记录下来，毕竟叙事这种边叙边议的写作风格更容易被一线教育工作者所驾驭。在这个过程中，教师或校长以行动研究的方法展开研究，最终以教育叙事的形式来呈现研究成果。刘良华老师将这种研究形式称之为"叙事的行动研究"。

五、校长进行教育叙事的常见内容

校长"叙什么"不仅意味着要关注他对"日常管理事件"的呈现、回顾和反思，更要关注使"日常事件"成为"故事"的"故事性特征"，选择故事的基本元素，包括人物、时间、情节、空间等，这一行为需要有一种教育学敏感。教育叙事都是对真实教育事件的记录和反思，绝对不能虚构，更不能为了体现事件的跌宕起伏，将几个人的故事集中到一个人身上。校长可以叙说的叙事内容涉及很多领域，记录自身成长历程的自传叙事可以引发其对自身成长历程的思考；学校日常管理虽然都是平凡之事，但平凡之中总有一些引起我们感动、自豪、深思和懊悔的连续性事件，这时我们可以借助管理叙事加以记录；真正有教育理想的校长，学生在他们心中永远是第一位的，因此少不了记录他们与个体或群体学生交往过程的德育叙事；当然，还少不了记录自己课堂教学反思的教学叙事，以及记录自己个人生活经历感悟的生活叙事等。但是，在这些涉及成长、工作、生活的众多领域中选择哪些内容进行叙事呢？下面重点介绍一下自传叙事和管理叙事的内容选择。

（一）自传叙事

校长回顾自己的生活、求学、工作经历，盘点成长过程中的关键人物、关键事件来书写自传。这不仅能够帮助校长梳理自身教育理念、管理思想的形成背景，更深刻地反思当下的校长工作，而且自己的成长历程对于年轻校长、普通教师都有启迪作用。

在从普通教师成长为一校之长的发展历程中，每个校长都要经历若干事件的锤炼，有些事件虽然较小但产生的影响大，有些工作虽然庞大但只是按部就班地完成。那么，校长应该选择哪些事件纳入到自传叙事之中呢？下面用叙事 1-1 加以说明。

叙事 1-1：谭校长的成长故事①

谭校长在其"成长故事"中选取了这样一些事件和人物：童年的记忆、我可亲可爱的小学校长、初为人师、难忘的北京市评优课大赛、全国评优课大赛——"磨课"痛并快乐着、我哭了、异校交流促个人成长、白校长送来的温暖、做校长处理的第一件事——和住户协调完成学校修缮工程、走马上任做的第二件重要的事——完成领导干部的分工、关注青年教师的成长、拓展训练中的感悟和成长。由于篇幅所限，无法展开她对每个事件和人物的描述。

1. 最好能选取自己孩童时代、学生时代、教师时代和校长时代各个阶段的一些重要事件。当然，重点应该放在教师和校长时代。但并不是说孩童和求学阶段的经历就不重要。这些早年的经历往往更有助于解读校长成年以后所秉持的一些生活信念或教育理念。读过李金初校长《平生只想办好一所学校》的人无不对他求学时代的聪颖、坚毅、求新留下深刻印象，对他日后能大胆地进行办学模式创新也就不足为奇了。李烈校长之所以能在北京第二实验小学提出"以爱育爱"的办学思想，我们也能从她"在苦难中感受爱的渴望"、"在生活中尝试爱的给予"这些童年经历中找到一些答案；父亲早逝、母亲与兄妹三人

---

① 在北京教育学院承担的 2011 年北京市新任校长培训班中，刘维良老师作为指导教师、我作为副指导教师兼班主任指导该班新任校长完成作业集：《走向校长之路——谈谈我成为校长过程中的那些事》。该案例及后文部分素材也选自该作业集，在这里向相关校长表示敬意。

相依为命的早期生命体验也让北京运河中学张家春校长对几乎所有校长都挂在嘴边的"人文关怀"有着一种特殊的行动解读①，并以"建设和谐人文环境、进行人性化管理"形成自己的领导风格。在叙事1-1中，谭校长选取的事件涉及各个发展阶段，尤其是对其童年和求学时代家庭背景、教育经历的表述让我们对这个校长的个性特征、人格品质有了更深层次的了解。

2. 叙述每个事件时，要把发生时间、事件经过、相关人物、产生影响等要素都交代清楚。校长要在事件叙述中交代清楚遇到了哪些关键的人物，发生了哪些重要的事件，这些人物和事件又对当时的自己产生了怎样的影响。其实，在写自传中，尤其需要深思的是为什么选择该事件作为自己成长历程中的关键事件，有时候这比描述事件本身更为重要，在分析原因的过程中往往就能回答该事件到底对自己产生了怎样的具体影响，对自己以后的发展发挥了怎样的作用。有些校长容易将笔墨都用在关键事件来龙去脉的描述上，缺少对该事件如何影响自己成长的具体分析，是改变了自己对教学、德育、管理的看法呢，还是提升了自己的教学技能或管理技巧呢，抑或是改变了自己的生活轨迹或家庭形态？还有些校长只有对事件的记录，缺少对关键人物的勾勒。其实，在每个人的成长过程中肯定离不开别人的帮助、提携甚至是激励、鞭策、打击，他们可能是我们的师傅、领导、恩人、爱人、学生、家长、同学甚至是竞争对手。

在叙事1-1中，谭校长描写了村小可敬可爱的小学校长李老师给病中的她补课以及热闹的体育课等情景，李老师对谭校长的影响是深远的。她谈到："李老师对我影响很深刻，做了老师以后，我也和李老师一样爱孩子，经常和孩子在一起。我认为只有和孩子在一起才会了解孩子，孩子才会亲近你、喜欢你。永葆一颗童心，永远拥有责任心，

---

① 张家春.且思且行：和谐发展教育办学思想的十年探索[M].北京：中央广播电视大学出版社，2009：6.

永远充满爱心是从事教育工作的重要条件。"

  3. 所选取的事件可以是成功的，也可以是遗憾的，有时候遗憾的、失败的事件能带给自己更深的触动，促使自己更快的成长，也能使自己的内心变得更加强大。例如，有位很有思想的中学校长在谈到自己成长过程中的关键事件时，重点讲述了他在一所学校由于处理教师分流问题不够得当而引发教师争议，最终不得不调离的经历。这件事情促使他对管理、对人性、对教师需求有了更深层次的思考。又如，在叙事1-1中，"我哭了"就是谭校长的一个"受辱"经历，她秉公办事却遭到同事的不理解，甚至当面撕毁了教师理论考试试卷，而这个同事还是她老公的朋友。"可是我们有我们做人、做事的原则，作为领导我必须坚持原则，不能徇私情，开绿灯，否则对其他老师就不公平。我不知道他想要我怎么照顾他，是阅卷时错的判对，让他及格？还是怎样，但我真的做不到，因为这样做，我对不起自己的良心。一名领导能够公正、公平、公开地做好一些重要工作，能够在各种事情面前做到一碗水端平，真的不容易，但作为管理者必须这样做。"这就是一次不愉快的经历带给她的思考，也明确了她作为学校管理者一定要办事公正的信念。

  4. 选取事件的标准不只是选择"学校发展的大事件"，而是选取对自己的教育理念、管理认识、职位变迁等方面产生重要影响的事件，事件本身可大可小。有些校长容易将自传叙事写成自己在任期间学校重大工作事项的罗列，没有该事项对自己成长的影响的分析，更没有场景、事件来龙去脉的深描，无法引起读者的共鸣。关键是事件写作过程中没有融入自己的事后反思，没有融入自己的真情实感。这种工作汇报式的自传无法体现教育叙事研究的本质精神。例如，有位校长在《我的校长之路》自传中只记录了这样一些事件：挖掘学校亮点，明确办学思路；抓好干部队伍的培养，提升学校管理水准；有计划有步骤地培养教师，促进教师专业化发展；建立教师发展论坛，带动学校整体工作；抓紧学校弱势学科，带动全校教学工作；提高师生成感，调动工作学习积极性；抓好高中教师的分流工作，增强师生自信心；充分发动相信群众，顺利取得危改成功；真心扶助困难职工，真诚关爱援疆教师；吸取教训，减少遗憾，依法办学。这样的叙事读起来更像是学校工作汇报，我们看到的是这位校长在学校管理中做了哪些事情，而不是他怎样成长为一位校长的历程。显然，这个自传叙事定位是有偏差的。

5. 叙事可以如同写记叙文一般，但需要增加议论成分，夹叙夹议。学生时代我们都曾经写过记叙文，但工作后，特别是当了学校领导后很少还有人写记叙文、议论文了。校长成长历程中会发生很多事情，但只需选取典型事件及其中的关键人物，深度分析这些事件对自己成为校长有哪些影响，在叙事中可夹叙夹议。

（二）管理叙事

校长工作具有琐碎、繁杂的特点，他们每天在工作岗位上经历众多的大事小情。那么，校长应该选择哪些事情作为自己叙事的内容呢？有以下建议：

1. 反思自己改进管理方式的叙事。

作为校长，其重要角色就是管理者，因此，领导风格和管理方式应该是校长们时时需要反思的。用叙事的方式把这种反思记录下来，公开发布在博客上，或者出版著作，抑或是写在工作日记中，留下思考的印记。例如，一位校长刚刚回到自己工作20多年的学校任正职校长，如何形成适宜的管理风格就是她任职初期需要长期反思的一项内容，并在反思中形成、积淀、提升自己的管理方式。她在工作日记中这样写道："9月20日，一段时间以来一直没有顾上写些什么，忙于各项学校事务和应检工作，有时候真的因于以什么样的姿态面对过去的老同事，达到一个怎样的程度才是最合适的。但是有一点我必须把握的就是要严格按照程序去做，公平公正地去面对每一个人。对于不了解的事物一定要放慢速度表态，最好不要说话太多，最近一段时间还是说得有些快而且多，应学会倾听和借鉴。必须不断锤炼自己并形成刚毅的品格和从容大度的心态，力戒优柔寡断，想好了再说，说出的事情就一定要办好，做好工作的同时也要确保自己的身心健康。"校长长期坚持对此类叙事的积累，对于改进自己的管理方式，营造和谐的干群关系，形成稳定的管理风格等方面将大有裨益。

2. 反映自己对学校某个问题解决过程的叙事。

问题可大可小，"大"可以是"教师分流"、"教师绩效工资改革"这样的大事，"小"可以是与某个问题教师的交往、某次活动的组织、某个会议的讲话等。如北京十一学校校长李希贵长期以来就有读书和写作的习惯，并用这种方式不断增进他对教育和管理的理解，他的著作很多也是教育叙事研究的范本，无不散发着理性和创新的光辉。

3. 对某个重要教育理念问题长期思索过程的叙事。

中国人民大学附属中学校长刘彭芝认为，教育叙事研究要具备不断形成、积淀、升华校长教育思想、教育管理的功能。如果校长能坚持思考一些教育本质类问题，并把这种思考结合学校实际工作用叙事的方式记录下来，他的思维品质、思想站位、管理境界将获得质变般的提升。例如，江苏省天一中学沈茂德校长坚信"教育是什么"会在我们不断的行走与思考中逐渐丰满。通过多年的实践与思考，沈校长提出两个重要的教育理念："每个孩子都是一座金矿"，"教育是农业而不是工业"。能提出这样的理念，正是他在经年累月的平凡工作中不断观察、思考、记录、提炼的结果。

4. 记录某个教育实验、课题研究、管理新举措推进过程的叙事。

叙事也可以是行动研究成果表述的一种形式。校长在学校中经常会开展一些教育实验、课题研究、管理新举措，我们不妨采取叙事的形式，把推进过程中的措施、调整、欣喜、困难如实记录下来，对于读者也会有很好的启迪作用。

5. 选取触动心灵、引发纠结的真实故事来叙事。

在校长习惯化、程式化的日常实践中，似乎很难"碰到""故事"。

事实上，只要校长有一种教育学敏感，每位校长都会有很多很精彩的故事，因为教育每天都在"发生"。教育叙事研究中的故事，应该是能深深触动他人心灵的故事，为了做到这一点，叙述者首先应该被"故事"打动，这是教育叙事研究中故事遴选的基本标准。教育叙事研究正是"通过一个个真实的教育故事的描述，去追寻教育参与者的足迹，在倾听教育参与者内心声音的过程中，发掘教育个体或者群体行为中的隐性知识并揭示其蕴涵的价值和意义"①。因此，校长所叙之事可以不必是学校发展中的大事，可以是琐碎的小事，可以是令自己内心非常纠结、无法抉择的管理难题，这类事情往往更能引发人的无尽思考。

当然，校长管理叙事的内容可以不限于以上所列，校长可以更为灵活地选取有意义之事加以记述。

---

① 蔡春."叙述""故事"何以称得上"研究"——论教育叙事研究的基本理论问题[J].首都师范大学学报（社会科学版），2008（4）：129.

第二章 校长叙事的深层涵义分析：多学科的视角

关于撰写叙事以及进行叙事研究的重要作用，很多学者早已有所论述。台湾学者金树人说过，活过的经验（lived experience）是零散的。经验透过叙说而彰显自身的存在。经验叙说成为故事，从故事中找到某种生活的过去经验在现在叙说成故事，所形成的主题会带出生命的意义感，从而带出行动，影响未来的行为。我们的生活一直都和叙事交织在一起，和我们自己说的，听到别人说的，我们梦见的或想象的，想说的故事交织在一起。（Brook，1984）这一切都会在我们对自己叙述的故事中再起作用。我们对自己叙述的故事是插话式的，有时只是半自觉，实际上是并不受干扰的独白。我们的生活沉浸在叙事中，一再细数和评估自己过去行为的意义，期待未来计划的结果，把自己安置在几个未完成的故事的交叉点之上。看来，叙事的确与每一个人都可以建立联系，对每一个人的生涯发展都会产生一定的影响。下文主要从语言学、质性研究、职业生涯发展、心理学等多个学科视角来分析校长叙事所呈现出来的深层内涵。

一、校长叙事的语言学视角

叙事学发源于语言学理论。语言不仅是用以描述事物的抽象工具，它更多地用于建构自我和世界。一方面，语言让情景产生了动态的效果，通过语言的描述，会带来一些原来没有的感受和意义；另一方面，叙事能帮助我们更好地了解叙述者本人的内心世界。因此，我们还可以从语言学的角度去分析校长本人撰写的成长故事或管理故事，对其叙事结构、内容和叙述方式的剖析能帮助我们了解校长的思维方式、人格特质、语言表达特征等多方面的特征。

校长叙事的语言学视角分析，其实就是借用叙事学的理论剖析校长叙事作品中的文本本身的特征。叙事学（narratology，法文称"叙述学"）是由拉丁文词根 narrato（叙述）加上希腊文词尾 logie（科学）而构成的。简单来说，叙事学就是关于叙事文本的理论，它着重对叙事文本作技术分析。当然，对于叙事学的研究范围是随着几代学者的不断探索而逐渐清晰的。叙事学的发展经历了传统叙事学、结构主义叙事学和新叙事学。传统叙事学阶段指的是 20 世纪 60 年代以前的研究小说理论或小说艺术的阶段，这当中包括詹姆斯、福斯特、布斯、德国的叙事形态研究、英美的新批评、俄国的形式主义和布拉格结构主义。结构主义叙事学阶段是指 20 世纪 60 年代到 80 年代的叙事学研究阶段，在这个阶段，叙事学才得以正式冠名并成为一门科学。而新叙事学阶段是指 20 世纪 90 年代开始发展各种叙事学的阶段。这个阶段，叙事学由一个变成了多个，出现了许多叙事学，如修辞叙事学、女性主义叙事学、认知叙事学等。[①]

热奈特则认为，叙事学研究的范围只限于叙事文学，即以语言为媒介的叙事行为，它对故事不感兴趣，也不试图去概括故事的语法，而是着重研究反映在故事与叙事文本关系中的叙事话语，包括时序、语式、语态等。1966 年，罗兰·巴特（Roland Barthes）发表了著名的《叙事作品结构分析导论》，为以后的叙事学研究提出了纲领性的理论设想。他建议将叙事作品分为三个描写层次：功能层、行为层、叙述层，任何语言单位都可能结合到各个层次之中产生意义。后来，叙

---

① 胡全生. 叙事学发展的轨迹及其带来的思考［J］. 复旦外国语言文学论丛，2008（春季号）：21.

事学被明确定义为:"研究所有形式叙事中的共同叙事特征和个体差异特征,旨在描述控制叙事(及叙事过程)中与叙事相关的规则系统的学科。"从根本上来说,叙事学的目的就是做分类和描述工作。故事结构分析关注的对象是符号系统如何以叙事方式表达意义。因此,叙事学研究内容对于我们深层剖析校长叙事作品的语言特征与功用有很大的启示借鉴意义。例如,面对校长群体撰写的叙事作品,我们可以从功能层、行为层、叙述层对其叙事作深层次剖析,功能层的分析能帮我们找出校长选择这些故事作为叙事对象的价值准则;行为层的分析就是要借助语言所描述的管理行为,为我们展现管理所发生的具体情景与发生发展过程;从叙述层分析校长叙事话语的时序、语式、语态,从而能够得出校长这一群体在使用书面语言的惯常习惯。

结构主义叙事学将注意力投向文本的内部,着力探讨叙事作品的结构规律和各种要素之间的关联。结构主义叙事学主要从"形象"和"话语"两个层面入手进行分析,旨在建构叙事语法或诗学,对叙事作品之构成成分、结构关系和运作规律等展开科学研究,并探讨在同一结构框架内作品之间在结构上的不同。结构主义叙事学创造了一套描述文本多样性的术语,为叙事语法和叙事诗学建立起一批重要范畴,其中最重要的也许就是故事与话语的区分。把叙事看作交际形式,其结果是扩大了叙事参与者的范围,除了作者和叙述者之外,又有了受述者、隐含作者以及隐含读者。与此同时,叙事的代词、事件以及表现特征开始进入人们的视线。叙事学家们思考的一项重要议题是:叙事中的意识呈现,尤其是通过自由间接话语形式的意识呈现。

20世纪90年代以来兴起的叙事学,也称"新叙事学"。新叙事学为了更好地发展叙事学而进行外部研究:只探讨最基本的研究理论并引进新的批评视角和其他学科理论。其中,认知论转向对校长叙事研究最具启示意义,代表作是戴维·赫尔曼(David Herman)的《故事逻辑》。叙事研究中的认知论转向主要涉及两个层面,一是从认知角度研究人对行动和事件的感知,二是分析叙事结构(进入文本的结构)

及其依据的基本认知框架。巨著《故事逻辑》穿梭于哲学、语言学、会话分析以及认知理论之间，提出了系统的控制故事逻辑的微观设计和宏观设计。这部著作受到以语言学为基础的诸多理论方法的影响，将情节、视角、人称和受述者等传统的叙事学范畴整合为一个更大的架构。

从结构主义叙事学到新叙事学的发展过程可以看到，叙事学研究的对象越来越扩大，从最初分析作品本身的语法、结构等特点，到分析叙事与外部的联系，直至开始从认知论角度分析叙述者所采用语言结构背后的认知框架。其实，这些都为校长叙事的语言学视角研究展开了一幅宏大画卷，让我们意识到对校长叙事的结构、内容和叙述这三个基本维度的分析任重而道远，此外，还有许多值得开垦的领域。

二、校长叙事的质性研究视角

质性研究包括很多具体的研究类型和研究方法，下文仅以生活史研究和扎根理论为例，谈谈它们对于校长叙事研究的启示意义。

（一）*生活史研究*

生活史研究对于我们分析校长所撰写的成长叙事具有深刻的启示意义。诺尔斯（Knowles，1993）指出，生活史叙述是个人回溯记录的一种重要的形式，很像自传、日记、日志和个人故事小说。但它绝不是简单的日记，因为它要叙述的是自己教育生活的成长史，反映的是教师教育行为、观念是如何建构的，"当我们阅读'生活史'时，它反映的是教师或校长完整的或部分的生活，无论采用的是书写还是口头形式，都是被他人或他事所激发出的影响而形成的"（Watson & Franke，1985）。正如诺尔斯（1989）所说，"生活史是反映在学习、教育过程中，知识偏好以及角色榜样的态度、原型观点等是如何影响教师个人经验的形成的。因此，关于教育的哲学立场、学科、课堂管理、课程取向、课外活动，以及其他一切学与教的问题，都是生活史要重点探讨的"。从生活史视角来分析校长整个人生历程，可以发现，校长个人生活史包括作为学习者的学习经历，作为教师、管理者以及正职校长整个职业晋升过程中的实践经验、遭遇的关键事件、遇到的重要他人和关键时期。人的一生是个连续过程，前期的生活和工作经历必定会对其以后的人生产生重要影响。对于大多数中小学校长而言，一般都会经历学生、教师、管理干部和正职校长等角色。

撰写校长个人生活史可以使校长对自己的教育成长历程进行逐步的梳理，这有助于校长反思其教育行为和管理理念形成的历史原因，从而促进其更加深刻地认识到自身教育和管理特点的发展历程。校长个人生活史分析法是生活历史法的重要内容，它通过校长对自身专业成长的回顾，发现自身的人格和认知特征、知识结构、对个人成长的决定性因素、个人常用的管理方法、管理成功案例和管理艺术等，重新认识自身的认知特征与人格特征，厘清与剖析对个人专业成长具有深刻影响的各种因素与教学事件，产生新设想与再体验的效果。生活史研究是一种元认知研究，有助于校长更理性地分析自己与了解自己，在管理实践中扬长避短。

（二）扎根理论

分析中小学校长的访谈记录和自传叙事，常常会发现，很多校长有着自己独特的话语体系，他们常常用"自己的理论"去解释学校日常管理中的现象。对这些研究素材进行深入分析，就能够生长出"实质理论"。质的研究中的"理论"大都属于"实质理论"，即在原始资料的基础上建立起来的、适用于在特定情境中解释特定社会现实和社会实践的理论。其目的是对特定的现象本身及其内在联系进行探究，注重人的实践理性和实践知识。[1]而扎根理论就是建构这种实质理论的一个重要方法。扎根理论的方法于 1967 年由格拉斯（Glaser）和斯

---

[1] 陈向明.教师如何作质的研究［M］.北京：教育科学出版社，2001：198.

特劳斯（Strauss）提出，其宗旨是从资料的基础上建构理论。

扎根理论的主要分析思路是比较，在资料和资料之间、理论和理论之间不断进行对比，然后根据资料与理论之间的相关关系提炼出有关的类属（category）及其属性。比较通常有四个步骤：（1）根据概念的类别对资料进行比较：对资料进行编码并将资料归到尽可能多的概念类属下面以后，将编码过的资料在同样和不同的概念类属中进行对比，为每一个概念类属找到属性。（2）将有关概念类属与它们的属性进行整合，对这些概念类属进行比较，考虑它们之间存在的关系，将这些关系用某种方式联系起来。（3）勾勒出初步呈现的理论，确定该理论的内涵和外延，将初步理论返回到原始资料中进行验证，同时不断地优化现有理论，使之变得更加精细。（4）对理论进行陈述，将所掌握的资料、概念类属、类属的特性以及概念类属之间的关系一层层地描述出来，作为对研究问题的回答。[①]

在分析校长叙事原始资料的过程中，我们要对原始的叙事资料作三级登陆（开放式登录—关联式登录—核心式登录），逐步明确资料的故事线，对主类属、次类属及其属性和维度进行描述；还要关注叙事中所呈现出来的一些副范畴。事件发生的条件、情境、行动者为了解决问题所采用的策略以及事件最后发展的结果都是与某一范畴有关而用来帮助我们了解这个范畴的副范畴。我们可以采用扎根理论所倡导的编码和登陆过程对于校长培训中所涌现的叙事作品进行情境分析和类属分析，从而得出完全不同于理论界话语体系的中国学校管理原生态理论。

三、校长叙事的职业生涯发展视角

就像名人喜欢撰写生平回忆录一样，现在很多知名校长也纷纷出

[①] 陈向明. 教师如何作质的研究 [M]. 北京：教育科学出版社，2001：204-205.

版著作回忆自己的整个人生历程。例如，高等教育出版社曾经出版了一套《中国当代教育家》丛书，人大附中校长刘彭芝、天津南开中学校长康岫岩、上海中学校长唐盛昌、北京十一学校校长李金初等全国著名校长都在书中回忆了自己从受教育者到教育者、管理者的整个生涯。从生涯发展的角度分析这些校长的成长叙事就是要对他们职业选择的过程、影响因素以及职业发展的历程进行描述、解释和分析，从而对于新校长培训、校长专业成长带来很多借鉴。

生涯发展理论是生涯规划理论中最具整合色彩的理论。早期提出该理论的是以金斯伯格（Ginsberg，1951）为首的一群学者，而集大成者是学科整合高手舒伯（Super），他集差异心理学、发展心理学、职业社会学和人格发展理论于一体，进行长期研究，系统提出了有关生涯发展的观点，成为自帕森斯（Parsons）之后又一位具有里程碑意义的大师。

多年来，舒伯对生涯发展进行全面的研究，提出了14项基本命题，这14项命题可以看成是生涯发展理论的基本主张和框架基础[①]，内容如下：

（1）在能力、人格、需求、价值、兴趣、特质和自我概念等维度上，普遍存在着个别差异。

（2）基于这些个人独特的本质，每一个人都适合于从事某一些特定的职业。

（3）每一项职业均要求一种特定的能力和人格特质；因此，每一个人可以适合不同的职业，而且每一项职业可以适合不同的人。

（4）人们的职业偏好与能力，人们生活和工作的情境以及因此形成的自我概念，都会随着时间的推移而改变。然而，自我概念会在青少年晚期之后逐渐稳定和成熟，在生涯选择与适应上持续发挥影响力。

（5）上述的改变历程，可归纳为一系列的生命阶段（称为"大

---

① 金树人. 生涯咨询与辅导 [M]. 北京：高等教育出版社，2007:72-73.

循环",maxicycle），包括成长、探索、建立、维持、衰退等五个阶段。其中探索期可细分为幻想期、试验期、实际期；建立期可细分为尝试期、稳定期。每一个阶段之间有"转换期"（称为"小循环"，minicycle），转换期通常受到环境或个人各种不稳定因素的影响。然而，转换期的不确定会带来新的成长、再探索、再建立的历程。

（6）生涯组型（career pattern）的性质：包括从事职业的阶层水平、经过尝试和稳定地进入工作世界的经历、频率和持久性等。这些均受到个人父母的社会经济地位、心理能力、教育、技巧、人格特质（包括需求、价值、兴趣、自我概念）生涯成熟及生涯机会的影响。

（7）在任何生涯阶段能否成功地因应环境需求和个体需求，取决于个人的"准备度"或"生涯成熟"。生涯成熟（career maturity）是由个人生理、心理和社会特质等组成的整体状态，包括认知与情意。生涯成熟是指能成功地因应早期至最近一期生涯发展阶段的程度。

（8）生涯成熟是一假设性概念，如同智力的概念一样，很难界定其操作性定义。但可以确定的是，生涯成熟并非单一维度的特质。

（9）生涯阶段中的发展是可被引导的，一方面促进个人能力和兴趣的成熟，一方面协助其进行现实考验和自我概念的发展。

（10）生涯发展历程，基本上是职业自我概念（vocational self-concepts）的发展和实践历程。自我概念是"遗传性向、体能状况、观察和扮演不同角色的机会、评估角色扮演、与他人互相学习"等交互作用历程中的产物。

（11）在个人和社会因素之间、在自我概念和现实之间的心领神会或退让妥协，是角色扮演和反馈学习的历程。这些学习的场所包括游戏、生涯咨询、教室、打工场所以及正式的工作等。

（12）工作满意度（work satisfactions）和生活满意度（life satisfactions）取决于个人如何为自身的能力、需求、价值、兴趣、人格特质与自我概念寻找适当的出口。

（13）个人从工作中所获得的满意感，取决于个人实践其自我概念的程度。

（14）对大多数男人或女人而言，工作和职业的经验提供了组成其人格核心的焦点。但是对有些人来说，工作与职业在生命经验中处于边缘位置，甚至是微不足道的。反而是其他的角色，如休闲活动和家庭照顾，居于核心。社会传统，诸如性别角色的刻板印象、楷模学习、种族偏见、环境机会结构及个别差异等，决定了个人对工作者、学生、休闲者、家庭照顾者及公民等角色的偏好。

这14项基本假设，涵盖了舒伯生涯发展理论的主要理念，例如生涯发展阶段、生涯角色、生涯模式、生涯成熟等。其中，贯穿这些理念最核心的主轴是自我概念。

其实，分析校长这一职业的一般发生阶段大多也印证了以上命题的存在。尤其是舒伯对于自我概念与生涯发展关系的论述有助于我们更好地分析中小学校长这一群体自我概念的发展特点。

（一）人生角色

舒伯认为人在一生当中必须扮演九种主要的角色，依序是：儿童、学生、休闲者、公民、工作者、夫妻、家长、父母和退休者。不管人们愿不愿意，每个人踏入学校之后，其一生多数时候必然同时会在不同的舞台上扮演不同的角色。角色之间是交互作用的，某一个角色的成功，可能带动其他角色的成功，反之，某一个角色的失败，也可能导致另一个角色的失败。不过舒伯进一步指出，为了某个角色的成功付出太大的代价，也有可能导致其他角色的失败。他进而引出了一个"显著角色"的概念，如成长阶段最显著的角色是儿童；探索阶段（15～20岁）是学生；建立阶段（30岁左右）是家长和工作者；维持阶段（45岁左右）工作者的角色突然中断，又恢复了学生角色，同时公民与休闲的角色逐渐增加，这正是一般所说的"中年危机"的出现，同时暗示这时必须再学习、再调适才有可能处理好职业与家庭生活中所面临的问题。显著角色的概念可以使我们看出一生中工作、家庭、休闲、学习研究以及社会活动对个人的重要程度，以及对个体不同的发展阶段所具有的特殊意义。

目前已有的公开的、非公开的校长叙事作品主要集中展现了校长作为工作者的一面，对于校长担当其他角色的描述略显不足。但是，又出现了一些个别案例，比如有些全国知名教师后来改行当了校长，显然管理工作对于他们来说不如教学工作那么游刃有余。毕竟，教学更多面对的是未成年人，而管理更多面向的是成年人，教育者如果无法深谙人性特点、人际交往原则、管理艺术等知识，也许真的会无法胜任学校管理工作。这也从一个侧面说明了显著角色的问题。

（二）生涯类型

霍兰德（Holland，1985）曾经对职业选择与人格特征之间的关联作过深刻的论述，他提出：（1）选择一种职业，是一种人格表现。（2）职业兴趣是人格的呈现，职业兴趣测验就是一种人格测验。（3）从事相同职业的人，有相似的人格与相似的个人发展史。（4）由于同一职业团体内的人格，他们对于各种情境与问题的反应方式也大体相似，并且因此塑造出特有的人际环境。（5）个人职业满意程度、职业稳定性与职业成就，取决于个人的人格与工作环境之间的适配性。这些论点其实也适用于中小学校长群体，我国校长群体呈现出一些共同的人格特质，其中城市和乡村校长又表现出一些差异，的确展现出了霍兰德所描述的社会型职业环境所具有的典型人格特征。

霍兰德认为生涯选择是个人人格在工作世界中的表露和延伸。亦即，人们是在其工作选择和经验中表达自己的个人兴趣和价值的。个人会被某些能满足其需求和角色认定的特定职业所吸引，因此我们可根据个人对职业的印象和推论，将个人和工作环境加以特定的归类。故将个人或环境分为六大类型：实际型（realistic）、研究型（investigative）、艺术型（artistic）、社会型（social）、企业型（enterprising）和传统型（conventional）。对照霍兰德对这六类职业环境与人格的描述可以发现，校长这个职业群体在社会型环境中开展工作，鼓励人们要具有弹性，且彼此了解，帮助他人解决其个人难题，教导他人，对他人表现精神上的关爱，且愿意担负社会责任。社会型环境强调理想、友善和慷慨等人类价值，而这些理想多半存在于教育、社会服务和心理健康等专业领域。社会型的人对于教导人们、协助人们解决问题或提供人群服务抱有兴趣，喜欢经由讨论、团队工作来解决复杂问题。他们通常具有较佳口语能力和社会技巧，希望借由教育、宗教、政治或社会服务等方式协助人们，本质上具有伦理或理想主义色彩的利他倾向，关注对社会的贡献胜于个人的经济成就。

（三）生命主题

对于故事叙说对一个人生涯发展的作用，金树人有过非常生动的描述：个体的经验素材零星地散布在记忆中，故事叙说的刺激让经验的主人拾取不同片断，按照特定的主题或背景做前后的连贯。在这样的过程中，当事人或许会觉察到：对生活片段所取者为何，所舍者为何，已然反映出其生命的重心；所取者之核心意义即生涯之主题，将这些主题与生活目标联结，则生命意义大白。也就是说，故事叙说到结局，生涯主题与生涯目标浮现，其本身现身成一个组织完整的概念架构。这个架构是由各种生活经验所组成的，此时附着在架构上的经验是有意义的，被经验的主人"有意"地安排在适当的位置。有的当事人会发现，原来目前的工作竟然是为了弥补儿时未能满足的缺憾（Ochberg，1988）。觉察，在这样的过程中渐渐清晰；改变，在这样的过程中悄悄发生。[①] 舒伯认为，当一个人理解自己过去主观所经验到的兴趣、能力与价值，这些有关"我"的概念就会转化成为一个生命主题，通过生涯选择与生涯决定的过程，在未来实现这个隐藏着自我

---

① 金树人.生涯咨询与辅导［M］.北京：高等教育出版社，2007：149.

概念的生命主题。① 也就是说，通过当事人的叙事，我们总能够发现纵贯其一生、形成其生命主题的故事。所谓生命主题，类似于小说中的情节或构想。情节组成了人物的行动计划，其所发展出来的事件，都有其背后的旨意，从而组成整个故事的全貌。

概括来说，生命故事是由两个部分交织而成：其一，生命当中若隐若现的主题，无始无终，静止不动，却贯穿全程；其二，现身在舞台上直线进行的事件，构成情节。研究者在当事人的叙事中，要不断地寻找这两项要素：当事人生命中最关心、最看重的是什么？将这个主题编织出来的情节是什么？② 对于个人成长关键事件和重要他人的回忆，能使校长看到对青少年儿童的教育和对教师成长的助推如何一步步成为他们生命的重心和生涯的主题，校长这个职业注定是要在成就他人的过程中成就自己，只有愿意奉献自己、不计较个人得失的人才有可能选择校长这样一个职业。

四、校长叙事的心理学视角

所谓叙事，韦伯国际辞典上定义为"讲故事，或者类似讲故事的事件或行为，用来描述前后连续发生的系列性事件"（Webster, 1996）。以"叙事"概念为基础的叙事心理学关注人类行为如何通过叙述人生故事而组织起来并赋予意义，以及如何在这个过程中建构自我。美国一位叙事研究的积极倡导者认为（McAdams, 1993），人生故事是个体经历中持续展开的重要记忆以及关于这些经历的解释，个体从中获得生活的一致性和目的性，并在其中建构过去、体验现在、期待将来，促进自我的连续、统一与整合。叙事心理学中的研究思路为我们通过校长的叙事去分析其人格特质、自我发展提供了现成的路径。

---

① 金树人. 生涯咨询与辅导 [M]. 北京：高等教育出版社，2007：87.
② 同上书：150.

通过对管理叙事的话语分析,可以帮我们理清校长人格特质与情境相互作用的过程;在故事的展开与叙述过程中,特质与情境得到了统一;我们还可以引导校长对故事的话语进行分析、解构和重构,以推动其人格的完善。

(一) 自传体记忆

对自我人生故事的叙述涉及自传体记忆。自传体记忆是对个人信息或个人所经历的生活事件的回忆,主要包括自我描述信息和个人经验两部分,个人经验又分为生活史、概括性事件和具体事件等不同的层次(Conway &Pleydell-Pearce, 2000)。[1] 校长撰写的个人成长故事也可以算作是自传体记忆,我们可以从自我描述信息和由不同层次的生活史、概括性事件和具体事件组成的个人经验对校长所写的事件做更为细致的分析。

(二) 自我发展

自我知识存储于事件记忆的认知结构中。以故事叙说的方式可以唤起相关事件,让个体产生自我知识。"自我"意念的背后是一连串此起彼伏的生活经验,生活经验能够以说故事的方式唤起,情节历历在目。说故事必须描述情节,情节中涉及与自己经验相关的人、事、时、地、物。因而故事叙说者必须运用相当程度的组织能力与统整能力,将这些素材做有秩序的铺叙。这种铺叙的能力是一种组型确认(pattern recognition, 即逐步明确自我发展所内隐的某一种模式)的能力。对自我经验的组型确认,是对生活素材的重新解释、生命意义的重新发现。[2] 相关具体研究表明,叙事方式、叙事模式、人格特质等与人

---

[1] 汪新建,朱艳丽. 叙述方式、自我视角与自我发展[J]. 心理科学进展, 2010 (12): 1858.
[2] 金树人. 生涯咨询与辅导[M]. 北京: 高等教育出版社, 2007: 148.

生故事和自我发展程度存在一致性的关系。诸如，一致性积极叙事过程影响自我发展和向积极自我的转化；叙述从负性情感生活场景到积极情感生活场景转换的赎回序列预示高心理健康水平；不同人格特质的个体会运用不同的叙事主题、内容与语言等建构人生故事，为人格与自我的发展变化提供证据。[1] 通过对校长撰写的成长叙事或管理叙事进行心理学自我认知层面的分析，我们对校长群体的自我认知倾向也会勾勒出一些一致性特征，这对于我们对校长进行有针对性的引导和培训都是有帮助的。

---

[1] 汪新建，朱艳丽. 叙述方式、自我视角与自我发展 [J]. 心理科学进展, 2010 (12): 1858.

第三章　校长成长历程：校长生活史的视角

校长成长发展的内容之一是个人成长。个人成长指的是校长的生活史（life history），包括校长从童年到成年进入工作环境的成长过程，也包括做教师、中层管理者、副校长的一些教育和管理经历。这个过程中，有其家庭背景、教育背景、关键事件、社会环境等因素的影响。如幼年经历、重要他人、关键事件、本意与天意（偶然与必然）、生活阶段等。用职业发展的视角来看待校长的生活史，可以发现，故事的发展通常始于家庭生活，接着拓展至学校经验，展开于职业生涯。当事人的生涯故事总是会出现逆境、冲突与曲折之处，往往在这些地方，生命主题会慢慢浮现。生命主题的出现，是为了导引出行动事件，也就是说明这个主题的故事情节。情节构成的部分，也是故事最困难的部分。当事人从故事叙述中更清楚地消化了自己的经验，从经验中找到了自我认同，有强烈意愿改变自己，完成生命的核心主题。在故事构成的生命史册中，我们能看出当事人的兴趣、能力价值与动机，看到他职业发展背后的心理因素。下文主要分析教育工作者在进入校长角色之前所经历的职业阶段以及在这一过程中有可能出现的关键事件和重要他人。

一、从校长生活史看其职前成长历程

教育中的生活史研究是以教育活动中的人（学生、教师和管理者）

的生活经历为内容而开展的描述研究,以获得对研究对象以及研究对象在教育活动中行为的深入理解。简单地说,教育中的生活史研究就是生活经历考查,这里的生活经历包含的内容十分广泛,人的思想过程、情感、态度等都可以作为研究的对象。根据英国研究者古德森(Goodson)的研究可以推断,校长原有的生活经历会影响到他后来的人性认识、教育观念、教学方式以及管理风格;校长的校外生活以及隐性认同和文化,可能对他作为一个校长的工作有重要影响。

同教师个人生活史有相通的地方,校长个人生活史是指在一定的社会、文化和历史情境中,校长对自己在生活、教育与管理中所发生的事件和经历的描述和刻画,是校长本人在"教育的生活世界"中的体验和感悟。因为它是描述校长在日常生活、课堂教学、管理实践等活动中曾经发生或正在发生的事件,因而它是真实的、具有情境性的,它投射着校长的情感、态度和价值观,是"校长建构自己对教育和管理理解的一扇窗户"。

校长个人生活史包括作为孩童的童年家庭生活、学习者的学习经历、作为教师的教学探索过程、作为中层干部所经历的管理历练、作为校长形成和践行自己教育思想历程这样几个阶段中所遇到的重要他人和关键时期。例如,一位新任校长把自己21年的从教生涯分成三个阶段。初为人师怀揣一颗热情之心是其教师职业的起始阶段;转变观念带着尊重平和之心教育学生是其教师职业的辉煌阶段;走上管理岗位承担责任、重新定位是其工作的现阶段。在校长的整个职业经历中,从学生到教师、从教师到管理者是他们必经的几次角色转换过程,而在这其中,从普通教师到中层管理者的转换是职业成长的关键期。例如,北京市海淀区第二实验小学张国立校长在回顾自己的人生历程时这样写道:

时间是一颗甜蜜的糖果,越吃越觉得有味道;时间是一种药,有点苦,有点涩;时间是一块木糖醇,偶尔会让人清醒。我的人生就像糖果、药、木糖醇。正因为它们，我的成长之路才充满缤纷的色彩。1969年，我出生在一个普普通通的人家，经历了小学、初中、师范学习，1989年我回到了母校——北京市海淀区第二实验小学工作，至今已有23个年头了。23年，短暂而又漫长，在这里，既有领导的关心、同事的帮助，也有自己的艰辛努力和付出。回顾自己的成长之路，欢乐和辛酸同行，收获与遗憾同在。从一名普通教师成长为一名校长，时间，记录着我的成长之路。

二、校长生活史中的关键事件

关键事件，是指来自生活史的特殊或是重大经验，它的作用是建构新的认知，刺激新的行为的形成，是促进教师或校长实践性知识更新与重构的重要力量来源，常会通过个人主观的感受与诠释理解、塑造新手教师或校长早期的个人价值取向与信念，进而深远地影响教师或校长的专业实践与发展。（Measor，1985）校长成长的关键事件所包含的要素指校长从童年到成长为一名中小学校长的过程中所经历的重要事件发生的时间阶段、主题、情境、人物、经过、影响等。

校长专业成长所经历的关键事件不同于教师。从成长内容上看，教师成长更多的是教学水平和班级管理能力的不断提升，而校长则要更多展现其教育理念的实践转化能力和领导管理水平的提升；从成长的方式上看，职后的学习对于他们而言都很重要，教师拥有更多个人、团队和组织层面的正式学习机会，而成长为一名校长的路上则更多需要校长能从具体管理情境中不断反思，校长的成长更多的是寓于工作情景之中的、日常化的工作学习。

学者苏红根据其对30名教师的访谈内容进行分析，提炼出了关键事件的五个特征，我们发现，这些特征其实也同样适用于校长成长的关键事件：（1）对个人的教育教学和管理工作有重大影响。（2）在职业生涯的关键转折期出现的最频繁。(3)需要经过个人反思。(4)引发个人认知和行为的改变。(5)关键事件可以是有意识的,也可以是无意识的。

(一)关键事件出现时期及影响

在这里,我们将校长个人生活史划分为"作为孩童的童年家庭生活、学习者的学习经历、作为教师的教学探索过程、作为中层干部所经历的管理历练、作为校长形成和践行自己教育思想历程"这样几个关键时期。以下结合叙事进行论述。

1. 童年经历。

心理学研究早就表明,一个人童年时期的经历会影响到他成人之后的家庭关系和工作关系等。很多校长在自己的成长叙事中都会津津有味地谈起很多童年趣事,虽然大多是三十多年以前的事情,但是,在叙述的字里行间仍能够感受到他们对童年生活的留恋,也能看到童年时代的那些重要他人对他们现在为人处世原则和生活习惯的重要影响。

(1)家庭对为人处世原则的影响。

叙事3-1:父亲的话

> 每每回想起"我和弟弟偷油饼不成而又得到父亲犒劳"这件事,心里总会感到丝丝温暖,有时还会拿出来与同事分享,惹得大家啼笑皆非。而我,总会在欢笑中想起父亲曾对我说过的话:"孩子,无论走到哪儿,你都要记住,人穷志不能短,遇到任何困难都要想办法解决,不能偷巧①。更不能推卸责任。"这件事虽然已经过了几十年,但至今令我记忆犹新。父亲的话也始终萦绕在耳边,伴随着我读完小学、中学、师范,一直到1990年7月参加工作。

---

① 方言,投机取巧的意思。

叙事3-2：谁的鸡蛋？

一个夏日的午后，昏昏欲睡的我听到大人们的闲聊，奶奶说："这几天我家的鸡把蛋下丢了。"邻居的周奶奶也跟着愤愤地说："可不是，我们家的鸡这几天也不知跑到哪儿抱窝去了。"那时奶奶家养了只母鸡，可一连几天这只鸡都没有在自家的鸡窝里下蛋。听到这儿，被阳光晒得慵懒的我小脑瓜儿忽然间一转，突发奇想：太阳晒得我暖暖的，好舒服！母鸡们肯定也喜欢被阳光晒得暖洋洋的感觉，那后院的鸡窝不正是这样一个好地方吗？于是我拖拉上鞋，飞快地跑到后院的鸡窝旁。

啊！满满的一窝鸡蛋！我的心顿时狂跳起来，小脸儿激动得通红，一边慌乱地拿旁边的柴禾挡了挡鸡蛋，一边不时地向两旁张望，生怕这秘密被别人发现。在匆匆往回走的时候，喷香的炒鸡蛋仿佛就在眼前，我的口水似乎都流下来了。

回到家里，我赶紧把奶奶拉到一旁，趴在她耳边小声告诉了她这个秘密。奶奶听后发出爽朗的笑声，点着我的脑门儿夸我机灵，然后她挎上篮子边往后院走边吆喝着："走喽，捡鸡蛋去喽！"我心里不住地埋怨她的大嗓门。

一会儿工夫，奶奶挎着一篮子鸡蛋回来了。到家后，沉浸在自我陶醉和美味幻想中的我，被奶奶叫到了跟前，她把从篮子中分出来的多一半儿的白皮鸡蛋递给我说："去把这些白皮鸡蛋给周奶奶家送去。""凭什么呀！"我急得叫起来。奶奶说："咱们家的那只鸡下红皮蛋，周奶奶家的那几只下白皮蛋，她家的鸡也好几天不下蛋了，肯定都下在那窝里了，快送去。"端着那些白皮蛋，我极不情愿地给邻居周奶奶家送去了，在她家人的不断夸赞声中，我回到了家。

当时的我，心中更多的是不甘、不愿，但是"听长辈的话"这条家训是不能违抗的。随着年龄的增长，我渐渐体味到这篮鸡蛋盛载的是奶奶的为人对子女终身的影响。事隔多年，在许多路途的择选中，在许多学校管理方案的制订时，我逐渐地体味到了这件事所蕴含的意义，在对学生与子女的教育中，这件事一直影响着我！

（2）分担家庭压力，明白生活的艰辛。

叙事3-3：曾经的"卖菜小孩"

伙伴、同学甚至老师知道后，也都在谈论我帮家里卖菜的事，可当时我觉得特别寒碜，不喜欢听别人说"那个卖菜小孩"，当时孩子的心理就是这样。

帮助家里干农活的习惯直到今日都没有改变，现在条件好了，父母也随着我住到了城里，我劝说他们不要再种地了，可是他们多年来的勤俭品质没有改变，舍不得把地荒废了，我和妹妹两家人就利用节假日开车带着父母回老家干些农活。好多村里人和我开玩笑："坐办公室的大校长，你还弯得下腰吗？"我笑笑回答："农民的孩子，猫不下腰怎么行？"

小时候不愿提及的经历，现在成了我茶余饭后值得炫耀的谈资。和我同龄的同事、朋友没有过从事生产劳动的经历，遇到问题的时候他们往往没有我的办法多。甚至有时候后勤师傅维修遇到问题，我也能和他们探讨解决办法，说说自己的看法，他们还觉得我说得挺内行。我经常调侃道："不当校长了，我也能生存，农活、杂活都能干，绝不外行。"

2. 作为学生的受教育史的回望。

一般而言，大多数校长会有较长时间担任学科教师的经历，只有优秀的学科教师才有机会成长为管理者。而无论是作为学科教师的教育教学还是作为校长的管理理念都会深受其学生时期所受教育经历的影响。很多学者的研究也证明了这一点。伯洛（Bullough, 1989）发现，新教师的教学行为、处理问题的方式更多受到个人过去生活史的影响，尤其是教学的第一年更为明显。同时，新教师在教室内使用的许多策略，都与个人的倾向及先前的经验有直接的关系，他们往往是按照从前自己当学生时教师如何教他们来开展教学的。

古德森（1994）认为，教师的行动与个人过去的生活历史密不可分，教师过去所发生的一切生活历史内容，都会慢慢发展成为足以支配其日后思考与行动的"影响史"，对教师后续的经验选择与重组具有重要的影响作用。诺尔斯（1992）认为，个人生活史不仅是教师建构时间知识的基本素材，更是教师重构其自身知识的动力来源。个人受教育史叙述与研究为教师和校长专业发展提供了一种新的途径和思路。

每一个校长都是曾经的教师，每一个教师又都是曾经的学生。在当学生的时候，自己的老师在用他们的知识、行为、思想和人格操守诠释教师的角色，肯定对我们今天的教师或校长行为产生影响。不当教师和校长的人，也许用不着刻意去回忆和审视自己的受教育经历和自己的老师，而如果要做教师或校长，这种回望就具有了特殊的意义。这种回望是对学生角色的重温，帮助现今的教师或校长回想起自己学生时代曾经拥有的梦想、渴望，有利于教师和校长在当下的教育生活中更好地移情换位，更好地去落实以"学生为中心"的教学与管理理念，也能起到传承优良教学和管理传统的作用。正像有位校长所说的，一件不起眼的小事，一句不经心的话语，或许会影响到学生的一生。"尊其师则信其道"，好的老师就像一位魔法师，轻轻点醒每一个孩子的心灵，教他们做人，促他们成功。曾经，我当年的小学老师启蒙了我的人生；如今，潜移默化中，我帮到了我的学生；我的学生又在感染着她的学生……这根育人的接力棒会继续传递下去。

一般而言，学生时期两种极端经历往往会对校长日后的教育理念和管理思想产生重要影响。一种是幸遇良师，另一种则是遭遇老师的不公正待遇。

（1）幸遇良师。

叙事3-4：我的杜老师

上小学以后，因为心中对老师一直抵触，学习和在校表现基本上处于中流水平，学业成绩也是马马虎虎。记得好多同学都戴上红领巾了，我还是"老白干"。随着年级的升高，我逐渐开窍了，尽管学习还不拔尖，但是老师们开始把我归为聪明学生的序列了。直到杜老师接手我们班之后，我的心态才开始真正改变，逐渐有了上进心、自信心和责任心，一跃成为学校的尖子生。

杜老师接班之后，开始了对每位学生的细致观察。他发现我在学习和班务工作中具有一定的潜力，但是心态低落，从不积极主动。杜老师和别人的工作方法并不一样，他没有像别的老师一样，反复找学生谈话，做思想工作。他单刀直入，直接给你布置工作。比如，班中有什么我能做却又不会主动去做的，他就直接把任务交给我，我会默不作声地努力完成，然后去向老师汇报。有些工作我创造性地超额完成，他也没有更多的赞许之词，但我能看出来，在老师严肃的表情后面隐藏着认可的微笑。我的心和老师靠得越来越近，逐渐地，我会主动承担我力所能及的工作，不再需要老师布置任务，成为了真正的主人翁。学习方面，每当我有了进步，他仍是没有更多的赞美之词，但我仍然能从他严肃的目光中看到欣赏，体验到成功的快乐。

20世纪80年代，山区小学没有什么教辅材料，老师手中也只有一两本残破的总复习参考。杜老师将这两本书交到我手中，给我布置在每天完成三五题的基础上，还要将一些适合全班的习题在早自习之前抄到黑板上供全体同学练习。这项工作，我坚持了将近一年，我为全班同学服务的同时，自己也有了巨大的收获。六年级的应用题，对于一般同学来讲是一种挑战，可当时我掌握得最好。为别人服务，自己会有丰厚的收获的想法，也成为了我最大的收获。杜老师在我人生的初始阶段,在行为方式上、思想上改变了我,在人生哲学上指点了我,让我终身受益。直到现在,我不好言表的老父亲,只要见到杜老师总会给以亲切的拥抱,感恩之词一串接一串,因为是杜老师教我迈好了人生的第一步。

叙事3-5:中专幸遇周老大

周老师是我授业的恩师,是我业务上崇拜的偶像。1989年,我考入师范学校英语专业班,遇到了我一生中最佩服的业务型教师——周老师。

周老师是个老小孩、老帅哥,女同学都这样评价;周老师是个好哥们、学术权威,是周老大(指在本区英语教学界是首席、权威),男同学都这样评价。现在我也和我的同事们讲,当老师就要当周老师这样的。

周老师为人低调,高高的个子驼着背,与人说话总是微笑着点头,走在校园里总是左手托着字典,右手左右摇摆,没有一点成年男人的稳重庄严。运动场上,和我们十六七岁的孩子一起奔跑踢球,篮球场上和我们一起争抢投篮,时不时弄得满身汗水,没有一点儿"师道威严"。

一进教室,地道流畅的英语表达,整齐漂亮的英文板书,严谨科学的治学态度,让你仿佛看到的是另外一个人,使人不由得心生敬意。在他渊博的学科知识、精湛的业务水平的熏陶之下,仅仅3年时间,我们这群初中毕业考入中专的孩子就进入了英语学习研究的大门。由于班级整体质量好,中专毕业后我们被直接分配到中学教书,有的同学还教了高中,现在很多人成为了市区骨干,有的同学在城里名校成为了教学主力,这一切都源于周老师的渊博学识和精湛业务,更重要的是,我们从他身上传承了严谨的治学态度和终身学习的精神。周老师是二十几岁从零起点开始步入英语学习的大门的，在教我们之前并没有深造学习的机会和经历。他之所以成为本区人人崇拜的"周老大"，是因为他的不懈努力和不间断的学习，就连骑车走路字典都从不离身。他对学习的投入让人敬畏，尽管他是那么随和，那么平易近人，那么没有"师道威严"，但是我到现在见到他也还是用崇拜的目光仰视着他。

我现在也用他工作的投入精神来教育我的孩子，鼓励督促我自己和我的同事们。我总是这样说，周老师不只学习、工作全身心投入，就连玩儿，他都全身心投入。现在周老师年岁大了，为了锻炼身体，他练上了轮滑，应该说是迷恋上了轮滑。听说，每到周六，他都会背上背包，穿上轮滑鞋，从门头沟经苹果园沿着地铁线一直滑到四惠，再乘地铁返回。有的人说，周老大干事近乎疯狂，而我却深深觉得要想成事必须有一种投入精神。周老师不是领导，不是名家，但在他教过的学生、相处过的同事心目中，他就是传说，就是神话，就是偶像，就是权威，就是周老大，就是一个专业教师追求的目标。

叙事3-6：童年记忆之严厉的"真叔"

慢慢地，我长大了，背上书包成了小学生。我5年中经历了3位老师，其中印象最深的是四年级的语文老师张老师，那是位大约四五十岁的男老师，很严厉，记得当时电视连续剧《精武门》正热播，他的样子像极了那个武功高强的陈真，所以我们背后偷偷喊他"真叔"，都有些怕他，因为他对淘气犯错的孩子是"决不手软"的，他喜欢从学校操场边的一棵杨树上折了小树枝来惩罚我们。小时候的我，常因贪玩、看电视写不完作业而被罚站。在教室外，每次都要乖乖伸出手，恐惧地看着"真叔"手中的小树枝落下来，轻轻地抽打，感觉痒痒的。虽然不是很痛，但我们还是会哭，因为"真叔"恨铁不成钢的表情；慢慢地，我们开始仇视那棵小树，心中默念着"君子报仇，十年不晚"之类的豪言壮语，想象着自己长大之后也拿着教鞭、踱着方步、布置着作业、惩罚着"坏"小子……

后来，我离开小村子，去了城里上中学、读大学、参加工作，童年的很多记忆已经模糊，唯独被"真叔"惩罚这件事情，印象很深，不同的是，当年的"仇恨"已经化为今天的感谢。人的成长过程中，能够遇到这样一位负责任的好老师，是自己的福分。我经常会想，当初之所以选择教师这个职业，一定有"真叔"的影响在其中。对此，我总是抱有感恩之心，自然地，也就比别人多了一份积极进取，多了一份成功的希望。作为校长，现在我还经常和老师们一起交流，希望他们坚守对学生的那份"严格"，因为我坚信"严是爱"。

（2）遭遇老师的不公正待遇。

叙事3-7：逃离幼儿园，抵触"老师"

物质条件的艰苦并不是我厌恶幼儿园的原因，原因在于"老师"。这两个老师，年龄大的那个是村妇联干部，年轻些的是一个抗美援朝老兵的女儿（这都是我懂事以后了解到的）。他们教幼儿园的孩子，挣的是生产队的工分，只不过是不用下田卖苦力罢了。相比其他小朋友，我性格比较内向，不会讨好老师，再加上自己的相貌没有别人那么可爱，老师从没给过我一个笑脸。现在还依稀有些印象，当大家在空地上跑闹的时候，我总喜欢自己坐在角落里观看，当集体游戏的时候，老师总是拉着他喜欢的那几个孩子的小手。当时虽然很小，但心里仍有一些失落感。但这还不是我抵触老师的原因。我抵触老师甚至憎恨老师是因为他们带着其他孩子出去活动，而将我锁于室内。

当时，那个年轻老师教我们写数字，1、2我勉强能写好，但是 3，无论我怎么努力，写出来都是趴着的，像个 m。我自己也很着急，急得眼泪刷刷地流。老师看见了趴着的 3，双目圆瞪，朝我怒吼，吼的内容是什么已经记不清了，但我清楚地记得她将写完数字的小朋友都带出去做游戏，却把我锁在了教室中，任我哭闹，就是不开门。约莫半小时后，她开门看了一眼，看我还没写好，又锁门而去。这时的我，止住了哭声，开始想办法逃出教室。经过观察，我看到窗户是插销别着的，在高处，够不着。我开始努力地把一个长条板凳挪动到窗前，再把别人的板凳放到长条凳上，踩上去，用自己的板凳砸了几下插销。插销终于松动了，我用小手掰开插销，努力将之提起来打开了窗户，而后我大着胆子从窗户跳出，带着自己的小板凳回家了。自此，我的幼儿园生活结束了。

到家后我一直不敢和爸妈说起此事，只是哭闹着说不去幼儿园了。直到今日，时隔 30 多年，父母仍不知道这件事情。我上小学后，有了一定的破坏能力，村中本来破旧的幼儿园就再也没有过完整的玻璃。我和几个要好的小朋友隔三差五就去"扫荡"一回，老师在教室里讲课时，我们在外边往里扔玉米叶子；没人的时候，我们把木黑板摘下，掀翻在地，把小朋友们的小板凳藏在炉坑里，或是用自制的火柴枪把玻璃打成一个个小洞；等等。当时把能想到的报复手段都用上了。

我当老师以后，始终把握一条标准：可以对孩子严厉，有问题该批评必须批评，但不能伤害孩子的心灵，因为每个人都有尊严。孩子们虽小，大多数情况下也不掌控话语权，但每个人心中对教师都有一个公正的评判。我立志要用渊博的学科知识、精湛的业务水平和高尚的人格魅力来赢得孩子们真正的尊重，绝不能让我的学生像我在幼儿时一样，感受到老师的简单粗暴、冷漠无情。

3. 作为教师的教育教学实践省察。

教师的两大责任是教书和育人，分别对应其课堂教学和班级管理两大工作类型。因此，作为教师的生活史主要叙述的是教师的教学、班级管理经验与理念如何形成的历史。教师时期总会经历一些难忘的事件、难堪的经历、难以释怀的专业困惑，个人对这些事件的看法、同事的评价、专家的分析，都是教师获得成长的丰富资源。赛课、磨课是很多校长回忆起教师成长历程中出现频率较高的事件；担任班主任的艺术常常能迁移到校长做行政管理以后的工作中；善于在工作中学习、珍惜培训进修机会也是很多普通教师能够成长为校长的法宝。

（1）教学技术成长回顾。

叙事 3-8：难忘的参赛经历

1996年，我区举行了首届教学基本功大赛，比赛规定，选手要在赛前15分钟通过对全册书的教学内容抽签决定自己的参赛课题，然后以说课的形式讲述教学目标、教学重点和难点、教学过程等。

时任三年级数学教师的我用的是新编教材，需要等到假期结束时才能领到，我心急如焚地等待着。从领到新课本的那一天开始，我就迫不及待地研究起来，从全册书共有多少节新授课到各个知识点之间的联系，从每一节教案的设计到每一个重点难点的突破，从每一个问题的提出到每一个教具的制作……仅仅一个月时间，刚到手的新书、新教参上到处划满了条条框框，写满了心得体会。思路理顺后，以陈校长为首的数学老师们放弃了一个又一个休息日，牺牲了宝贵的与家人相处的时间，一遍又一遍地听我的试讲，听我谈教学思路，为我出谋划策。

由于平时的教学经验积淀和赛前充分的准备，我坦然地走进了赛场，获得了教师基本功大赛一等奖。

经历了大赛的我深切体会到，教学的根本在于理解教材，抓住重点难点,要把一节课的教学纳入到整册书乃至整个小学的知识链条中,这是根本。而为了达到教学目标所采用的手段、方法起着助推器的作用,正确处理好本末的关系,才能真正做到理解教材、掌握教材,才能取得良好的教学效果。原来心中的疑团一下子解开了。

经历了大赛的我更深刻地感悟到,教师个人的成长不能脱离集体这个大环境,个人的努力与领导和同事们的无私帮助可以形成巨大的合力。

教学基本功大赛——我用了7年的时间完成了执教生涯中的第一次转变。

我的第二次转变则是2000年参加区评优课大赛。大赛前,我真诚地邀请学校的每一位数学老师听我试讲,讲完之后,征求他们的意见。因为通过一次次的历练,我深深懂得,每个人的思维角度不同,因而亮点也不一样,只有博采众长,才能更好地完善自己。同时,我也意识到,自己的行为、成绩已不代表自己,而是代表了学校的水平,代表了学区的实力,必须全力以赴。

(2)班级、学生管理回顾。

有一位校长仅仅当过3年普通教师,在他的记忆中,对班级管理的印象是最深的,每一年都有一个关键事件带给他深深的启发,这些对于他后来的管理工作很有裨益,我们从中也可以看出他是一个善于反思的人。

叙事3-9:治班之道

我教的第一个班是六年级,这个班在五年级的时候班主任出车祸去世了,后由学校领导和科任教师轮流管理,班级涣散,纪律松散。我接班后虽然制定了班规,但班级凝聚力还是不强。10月,学校要举办秋季运动会,而我班学生的运动技能是3个同轨班中最差的。但是我没有放弃，而是先组织学生学习《田忌赛马》这篇文章，然后很神秘地告诉他们："你们悄悄地打听那两个班学生的报名情况，然后告诉我，我再安排你们的竞赛项目，我们一定会战胜他们的。"学生积极行动起来，很快那两个班学生的报名表就绘制出来了，我们班的报名表也随之产生。在绘制班级报名表的过程中，我感觉到学生们看到了希望，产生了强烈的求胜欲望；比赛中他们人人奋勇，个个当先，最后以超出第二名1分的成绩获得年级团体总分第一名。学生们欢呼雀跃，喜悦之情溢于言表。自此，班级凝聚力大大增强。最难能可贵的是，学生们遇到困难时懂得了动脑筋，想办法，运用智慧解决问题。作为管理者，要把学校开展的每一次活动当作一次教育课，融入你的思想、智慧，使被管理者在活动中受到启迪、受到教育。

我接的第二个六年级，学生思想比较活跃，兴趣广泛。但也有些小毛病，比如，做事不够心细、懒惰。针对这种情况，我为学生购置了图书、棋具（象棋、军旗、跳棋、五子棋）、简单运动器具（羽毛球、板羽球、乒乓球），并告诉学生："谁做完作业，没有错误就可以选择你喜欢的项目去玩。"学生很高兴，作业的正确率很快得到提升。后来，我又进一步提出要求，除了完成老师留的作业，自己还要给自己留作业，学生的积极性仍然很高涨。最后，老师不留作业，学生只完成自己留的作业，他们的主动性、积极性得到了充分发挥。所以，学生是需要引导的，只要方法得当，他们的潜力就能最大限度地发挥出来。

还有一件事，我至今记忆犹新。1988年，那时农村条件差，学生个人卫生状况不好，一到五六月份，教室里异味很大，虽然我也要求学生定时洗澡，每周晨间检查，但效果不理想。后来，我受电视里时装表演的启发，在班内组织了一次"个人魅力展示"活动，要求每一名学生以走台的形式充分展示头发、脖子、手臂、手掌、指甲等部位，同时要求衣着得体，精神饱满。活动效果出乎意料的好，学生彻底地进行了一次个人卫生革命：头发短了顺了、脖子上的老泥不见了、指甲剪了、衣服洗了，每个人都焕然一新。由此我想到，目标是一定的，选择什么样的方法至关重要。

叙事3-10：严厉与宽容

自从参加工作以后，我就一直担任班主任。严厉，是我的带班风格，所以孩子们都"怕"我。1997年9月，我接任了高二年级（2）班班主任。俗话说，新官上任三把火。开学首先要加强的就是考勤、立班规、找措施、抓典型，一系列的工作有条不紊地进行着。刚过一周，我就发现有一个叫赵小月的女生特别爱迟到，第一次，我罚她在班门口站了几分钟；第二次，我把她叫到办公室批评了几句。每次，她都咬着嘴唇不说话。后来有一天，她第三次迟到了。当时正是晨检时间，站在讲台上，听到她在教室门外怯生生喊"报告"的声音，班里的同学都抬头看着我，似乎在等待一场预料中的暴风骤雨。可是这次，我停顿了几秒钟，走下讲台拉开门，只轻轻说了一句："进来吧，午休时间找我。"小月略带歉意又很意外地看了我一眼，悄悄回到了座位。

中午饭后，她跟随我走进办公室，下面是我们俩的对话：

"老师，对不起！"

"连续几次迟到，一定有你的原因吧？是家里有事还是身体不舒服？"

……

20分钟的对话之后，我了解到了她家庭生活的变故，父母刚刚离异，她被判给了父亲，每天晚上躺下后她就不由得会想起母亲，越想越睡不着，第二天早上就起不来了。我给她提了一些建议：第一，常跟妈妈联系，毕竟母女连心；第二，每天早上上两个闹铃，隔5分钟一个；第三，负责每天早上到校为班里开门。

她很痛快地答应了，而且高兴地说了一句："谢谢老师的宽容，您和颜悦色的样子很帅！"后来，我专程去他家做过几次家访，分别约她的父母做了沟通。孩子逐渐恢复了这个年龄该有的快乐，学习状态也越来越好，高考那年她报了外地一所高校的心理专业，以优异的成绩被录取。

这件事情让我反思很久，有的时候，对于孩子的教育，宽容比惩罚更有力量！当老师如此，当校长又何尝不是呢？作为学校的领导者，面对的是一群活生生的人，单靠组织手段进行管理是远远不够的，在理念方面，既要"严、细、实"，又要"以人为本、和谐发展"。从当上校级领导那天起，我每天都会面对不同的挑战，除了正常的管理工作之外，总觉得有解决不完的问题：部门之间的协调、年级事务的处理、教职员工的课时与福利等，大事小事最后都要堆到我这等候"裁决"，说实话很累，有时候会让人烦躁，但同时又给了我接受锻炼和考验的机会。

叙事3-11："正常"的事

可能因为我不是师范生，虽然做了几件自认为很"正常"的事，却每次都被学校领导找去谈话。

第一件事是全班骑自行车出游。刚来学校两周，我给同学们讲了我的高中生活，尤其是骑车出游的故事，全班一下子就沸腾了，求我带他们也出去玩一次。经过一番讨论，我们决定去北京的八大处，我并不知道在哪，有学生说知道如何走，大概要一两个小时的路程，于是我们定了时间和路线，周六早晨五点半在丰台邮局门口集合，不准迟到。那天早晨，我约了另外两名男教师跟我同去，到了集合地点，全班30个同学，除2人没到外，陆续地来了，有几个同学搭伴来的，也有家长送来的，家长见到我后，千叮咛万嘱咐要注意安全，我说没问题。有3个同学不会骑车，就由其他同学带着走，就这样我们师生共31人开始向八大处前进。临行前，我从团委借了一面团旗，由体委插在车前开路，一路上，同学们又说又笑，边骑车边互相鼓励加油，有个同学带着录音机，领着大家一起唱起了歌。一个多小时后，我们终于到了，最让我感动的一幕是，班内的另外2人居然出现在我的面前，原来她们不会骑车，出来的时间又早，家长不让来，最后是她们哭着求家长给送来的。至此，全班30个同学全部到齐。那一天，我终生难忘，学生、家长对我的信任和依赖，朋友对我的支持，以及每个学生的笑脸我都记在了心里。学生们在一大片空地上围了一个大圈，忘记了课堂，忘记了烦恼，即兴玩起了儿时的游戏丢手绢，一个个表演着节目，是那样的天真无邪。回来的路上，学生们开始和我相约下一次的出行计划。然而，回校后，领导委婉地对我提出了批评，原来建校几十年以来，没有过教师私自把学生带出去活动的先例，更不要说是全班性的骑车出游，没有出现安全问题，简直是万幸！虽然我在领导处受了批评，但我班的学生却在全校出了名，成为其他班同学羡慕的对象。

第二件事是运动会。骑车出游两周后，学校运动会来啦！我班自然是积极报名，有同学问我可以带些彩旗和锣鼓吗？我说当然可以。有同学问，我们可以拉一个条幅吗？我说当然好啊！结果当天，全校只有我班是彩旗飘飘，还拉出了一个"更快、更高、更强"的大条幅挂在班级的后面。而其他的班级是按照学校的要求，很规矩地坐成了四方块，用桌子把自己围上了。由于班内气氛的渲染，我们班的学生更加高兴了，在运动场上取得了一面面的奖状，回来后亲自交到我的手上，我把它们挂在后面的条幅上，因此我们班的条幅就成了一块班级荣誉宣传板向全校进行着展示，没能参加项目的同学后悔地表示下次一定要报名为班争光。这时，政教处的老师走过来偷偷地跟我说，你们班有点太吵了，领导说来提醒你一下，还有你们班里有一面旗要撤下来，不能挂在那。我一看，是学生带来的一面黑色的海盗旗，上面有骷髅和两把交叉的刀（是我同意挂上的），无奈之余，我让同学们安静了下来。

第三件事是制度之争。作为班主任，与政教处的接触自然多。当学生的时候，从来没有想过学校会管理这么多的事，而且这么细，就拿卫生来说，每天值周生都会按时来查，看黑板槽内有无粉笔灰（简直太滑稽了，没有粉笔灰的话，设这个槽做什么，而且根据存灰的多少几天清一次也可以，为什么每天都要用水冲），有灰就扣分。我直接找到政教处主任理论此事，结果是我被说了，并要求我严格按照制度办事，学校一直以来都是这样检查的，卫生才能这样干净。最有意思的是，检查人员看见卫生区内有瓜子皮，居然是数个数来扣分，教条到如此程度，我再次没有忍耐住，结果此事仅按一个事件处理了事，由原先扣27分改为扣3分。

在当时，同来的几个大学生都说我：你刚来为什么要惹这么多的事啊？简直就是一个另类，先管好自己的事吧，还敢直接找领导。而我当时没有想这么多的问题。

第二年，我带的班级物理会考居然100%通过，创了学校之最，让领导们也高兴了一阵子，说是当初没有看错人，把一个工科的学生招进来，不仅给学校带来了新的气息，成绩也没有受到影响。高二学期末，学校突然宣布年轻人要在岗位上练兵，让我接任了年级副组长（当时高中3个年级统一管理，只有1个年级组长），配合老组长的工作。

（3）个人进修回顾。

我们往往会发现，善于学习和反思的教师更容易从同辈群体中脱颖而出，成为一名优秀的教师，有的还会由于不断学习和进步而逐渐走上管理岗位。

叙事 3-12：执着提升学历

中专还没有毕业，我就参加了当年的成人高考，进入电大英语专业学习；大专还没有毕业，我就参加专升本考试，进入教育学院英语教育系学习。1992 年参加工作，1997 年底本科毕业，其间 5 年多的时间我没有周六日，工作日在学校上班，周末乘长途车往返于市区和学校，由于路途遥远，当日赶不回来，就住旅店。几年下来，自己一点积蓄都没有，工资全部用在了学费车费住宿费上，门城地区的低档次旅店我都住过，每晚住宿费从 1992 年的 1.5 元涨到 1997 年的 30 元，就别提精力体力的付出了。业余学习期间，有苦有累有艰辛，但也有成就感、成功感。1997 年本科毕业时，我 24 周岁，和当时的全日制本科毕业生年龄相仿，但我已有 5 年教龄，已是学校骨干力量，和教龄相仿的同事们相比，我也算是个"高学历的秀才"了。因为当时的师资水平（主要指学历）还比较弱，很多老师学历不合格。我这样的付出，也收获了丰厚的回报，在晋升职称时，因为业务能力还行，我就比别人更有优势，资历比我老、业绩比我好的，学历不合格；学历合格的，资历又不够，所以，2005 年中学高级评定后，我成为了全区历史上最年轻的高级教师。

4. 作为基层管理者的领导经验积累。

大多数校长有担任中层干部的经历，主管过教学或德育，这段时期的工作分工甚至可能直接影响到他们担任校长之后的学校特色建设。在担任学科教师期间教学成绩突出的、有过教学主任经历的校长更愿意走进课堂听评课，更注重教师在课堂上的专业成长，更容易成长为"专业型领导"；而与此相对应，有过优秀班主任经历的、主管过德育的中层干部在成长为校长之后，大多更注重组织学生进行丰富的课外活动，更注重学生行为习惯的培养。

叙事 3-13：考试的考验

没过多久，学校就迎来了期中考试。该考英语了，不知我的前任是粗心还是别的什么原因，去取英语考试试卷的时候竟没有领英语听力磁带！考试那天，监考老师们来我的办公室领英语试卷，大家纷纷发现没有英语听力磁带而向我要的时候，我的脑袋"嗡"地一下子大了，感觉头皮发麻两眼直冒金星。我定了定神，说："你们带学生们先考笔试，听力部分我们回头再测。"发完了卷子我一溜小跑到英语办公室，大声对英语老师们说："今天英语考试学校忘了取听力磁带，再取也来不及了。大家到自己所教班级，按照考试要求用英语去读听力测试，读完后立刻离开教室，不要违反考试要求！"在这关键时刻，英语老师们没有二话，拿着卷子就出发了。那天的英语考试也顺利地落幕了。通过那天的人和事，我深深地体会到作为领导，事无巨细都要留心，关键时刻更要果断果决，有魄力才会有领导力。

（二）校长对关键事件的提取过程

一般而言，回望自己人生成长过程中的经历和事件，都要经历事件（情境）唤醒、语言再现、意义建构三个阶段。事件（情境）唤醒、语言再现是根据专业发展需要进行有意选择和价值明确的过程，而在意义建构阶段，教师所学的教育理论将被激活，用来解释、判断情境和情境中的语言，建构的同时将促使他们形成对教育的理解，获得教育的意义。

1. 事件（情境）唤醒。

校长们在撰写个人的成长叙事时，很可能在其脑海里闪现的是一个个场景。可是，为什么大脑会出现这些场景而不是其他场景？有哪些因素会决定大脑对关键事件的提取呢？有些场景会对一个人的其他生活经验产生影响，它们可能与个人安危、未来前途、人际关系等密切相关。在整个人生叙事当中，场景的长期重要性靠心理放大（psychological magnification）来实现，场景的短期重要性靠情感放大（affective magnification）来实现。心理放大是指将相关情景联合成一个有意义的模式的过程，也是使场景有内在联系，囊括更多的想法、行为、感受和记忆，并使场景能得以扩大的认知—情感过程。①

在校长们撰写的成长故事中，我们更多看到的是那些心理放大的故事，也就是在他们人生重要节点上的关键事件和重要人物，例如，担任学科教师期间某次赛课获奖的经历，初任教师期间勇于尝试新的教学方法从而使得学生获得优异成绩的往事，也有校长回忆了他们担任班主任期间与班上学生关系日益密切的过程，应该说这些事件之所以能够被唤醒，实际上与其对于人生发展的重要性有关。正是由于这些事件，使得他们能够在同辈群体之中脱颖而出，这些事件是对他们课堂教学能力和组织管理能力的展示和认可。

2. 语言再现。

说故事必须描述情节，情节中涉及与自己经验相关的人、事、时、地、物。因而故事叙说者必须运用相当程度的组织能力与统整能力，将这些素材做有秩序的铺叙。叙述者要将情境中的人物表情、体态归总为情境中的语言，研究者可在这些讲述中挖掘出一些"本土概念"并做情境分析。

3. 意义建构。

自我知识存储于事件记忆的认知结构中。以故事叙说的方式可以唤起相关事件，让个体产生自我知识。"自我"意念的背后是一连串此起彼伏的生活经验，生活经验能够被以说故事的方式唤起，情节历历在目。当我们每个人回首自己的人生时，所看到的是从我们出生到现在的一个接一个的场景，而剧本使得我们能够去理解不同场景之间的

---

① 转引自：马一波，钟华. 叙事心理学［M］. 上海：上海教育出版社，2006：31.

关系。一个剧本就是一整套的规则,用来解释、创造、扩充或逃避一类相关的场景(Carlson,1988)。①这些场景、故事在被重新写作或讲述出来的时候,讲者或听者就会寻找出一条生命成长的主线。这一主线也许是讲述者(无论是学科教师、班主任抑或是管理者)在讲述故事之前并不自知的,这往往是由于讲述者常年生活在学校场景中,容易陷入很多具体、繁杂的事务中。在撰写成长叙事的过程中,他们的人生历程被压缩为几个主要阶段、重要他人或关键事件,此时,他们的人生主线得以浮现。

(三)关键事件对校长成长的作用机制

1.关键事件的发生为未来的校长提供了自我指导和质变学习的机会。

所谓质变学习,是指能够影响人的身心使其发生深远的、根本性的、具有重要意义的变化的学习,它不仅能够改变我们对整个外部世界和社交关系的认识,还能改变我们的自我概念、行为方式以及处世方式等。梅茨罗(Mezirow)认为质变学习的关键在于学习者的批判性反思。批判性反思即是"通过(各人所处的)历史、文化和个人生活史去理解自己的需要、欲望和兴趣等,这正是获取自我指导学习中自我管理能力的先决条件"②。有些校长正是通过某些童年经历,如幸遇良师激发了他们将来要做一名教师的职业愿望,并最终做出了这样的职业选择。有过这种经历的校长,他们从事教育事业时会迸发出更为惊人的自主学习能力和管理能力,他们秉持的教育理念会更为先进和人性化,他们所信奉的教育信念会更加坚定而不易动摇。因而,与那些被动选择教师作为职业的同事相比较,他们成长得一般会更快。

下面借用梅茨罗所提出的观点——质变发生的四个环节来描述关

---

① 转引自:马一波,钟华.叙事心理学[M].上海:上海教育出版社,2006:31.
② 苏红.教师专业发展中的关键事件研究[M].北京:北京师范大学出版社,2014:27.

键事件推进校长成长的作用机制。梅茨罗认为，观点质变是一个循环过程，包括以下四个基本环节：(1) 一种令人迷惑的困境，比如个人危机等。(2) 批判性反思，由于发现个人所遭遇的事情和自己一直坚持的信念不相符时，对个人信仰、价值观、假设或意义进行反思。(3) 参与反思性对话，与他人讨论自己的新观点以获得共鸣。(4) 按照新观点行动。例如，小学校长谭校长在担任中层干部时曾经遭遇这样一件事，令其印象深刻。A同事是她老公的朋友，在教师基本理论考试中成绩不及格，她秉公办事要求其重考，却遭到同事A的不理解，甚至当面撕毁了教师理论考试试卷。当时，谭校长就被气哭了，泪流满面。这是她经历的一个工作危机 (1)。当时的她心潮澎湃，在内心中有这样一段心理活动："可是我们有我们做人、做事的原则，作为领导我必须坚持原则，不能徇私情，开绿灯，否则对其他老师们不公平。我不知道他想我怎么照顾他，是阅卷时错的判对，让他及格？还是怎样，但我真的做不到，因为这样做，我对不起自己的良心。"这是一个批判性反思过程 (2)。回到家后，她一肚子火没地方撒，一五一十地将事情的经过讲给爱人听，这就获得了参与反思性对话的机会 (3)。"一名领导能够公正、公平、公开地做好一些重要工作，能够在各种事情面前做到一碗水端平，真的不容易，但作为管理者必须这样做。"这就是这次不愉快的经历带给她的思考，也明确了她作为学校管理者一定要办事公正的信念。以后，在学校管理中她都会秉承并贯彻这样的管理理念，也就是按照新观点行动 (4)。

"困境—批判性反思—反思性对话—行动"是一个简洁明了的质变学习模型，但这种质变学习的发生是需要一定的外在条件的。例如，学校要有一个安全、开放和信任的环境，学校要有良好的学习风气和公正的管理氛围，这样才能保证质变观点能够朝着积极、正面的方向发展。

2. 日常事件转化为关键事件。

有时候，有些关键事件最初就是一些日常事件，但是由于参与者本人的深刻反思从而将"潜在关键事件"显性化，使其对教育者的认知和行为产生了巨大影响，最终日常事件得以关键化。在很多校长的叙事中，我们看到了这些优秀的教育工作者之所以能够不断成长，就在于他们善于反思，能够洞察看似日常的普通事件背后所蕴含的教育意涵和管理玄机。教育故事每天都在校园和班级里上演着，关键是我们能否具有教育的敏感，是否能在不断反思中提升自己的教育教学水平和管理艺术。教育工作者从事教育故事的撰写、小课题的研究、专业阅读与写作都能够帮助他们将一些日常事件挖掘为自己成长的关键事件。例如，在北京市2011年新任校长培训班中，培训导师给每一位校长学员布置了一项作业，那就是撰写"校长成长之路"，记述他们从孩童时代、学生时代、教师时代和中层干部时代所经历的十个关键事件，在完成这个写作任务的过程中，停留在校长们脑海里的一些童年趣事、重要他人被重新唤醒。以前沉睡的日常事件被唤醒，当他们关照当下工作去回望人生历程时，这些日常事件被重新赋予意义，成为他们成长的关键事件。

三、影响校长职业成长的重要他人

重要他人，是指个人在成长过程中遇到的，与其建立相互作用关系，通过言语或行为给予其重要影响的人，甚至被当作角色模仿人。同事、学校领导或社会地位较高的人、权威人物、朋友等都可能充当重要他人。

有位校长谈到，能够成长为一名校长，离不开自己工作中自悟、自身的努力，但更多的是来自其身边的亲人、同事的关怀与帮助。"其中，我身上具备的执着精神来自父亲、母亲的孜孜教诲；刻苦钻研、事事反思的习惯来自王彬老师的言传身教；低调做人，高调做事的风格来自单位领导王校长的潜移默化；为人平和、宽以待人的理念来自同事钱春芳老师的指引……"父母、学生、求学时的师长、工作后的师傅、领导和同事都可能成为一名校长成长路上的重要他人。

（一）父母

有位校长在其叙事中谈到，父母给的挫折，使其愈挫愈勇。原生家庭的父母关系、教养方式等在很大程度上都会影响到校长们任职之后的管理方式和处事风格。

叙事 3-14：母亲的话

> 小时候，我印象很深的一件事是，有次听见母亲在和一位邻居聊天，说起了我上学的事。邻居说，你家孩子学习肯下功夫，将来还不上大学。母亲说，咱村里没有上大学的，我家祖上也没有，他也考不上。听了母亲的话后，我真想走到他们面前，去跟母亲辩驳，怎么能这样看不起自己的孩子呢？怎么能这样说呢？但是，我没有那样做，因为我知道我们村在我之前曾有过几位高中生，当时村里人都知道他们很用功，可是最终都没有考上大学，最好的也只是上了中专而已。可我也没有被母亲的话"击倒"，从那时起我就在心里暗暗地下了决心，一定要加倍努力，考上大学，用事实证明我行。天道酬勤，功夫不负有心人。1987年5月，我在北京市师范院校提前招生考试中考上了首都师范大学。也是从那时起，我形成了一种不服输的坚定性格：当别人怀疑我可能做不成一件事时，我从不会被别人的话所左右，反而会激发起我的斗志，不管自己背后吃多少苦，也一定要用事实证明我能做到，我有这个能力，而且能做得很好，甚至超出大家的期望。

（二）学生

有时候师生之间也是会相互影响、相互教育的。优秀的学生、有个性的学生、有特殊需要的学生、调皮的学生、走上弯路的学生都会影响到校长的教育观、学生观和管理观。

叙事3-15：磕头的学生

事隔十多年了，但这件事给我留下了深刻的印象，它是我在生活中做的最坏的事，也是最好的事，因为这件事让我懂得了教师应该做什么。

参加工作的第3年，我就遇到了一个让我头疼的孩子。他叫王小愈，男，6岁，自控能力极差。课上旁若无人、自言自语，下座位与同学打闹、说话，还喜欢随便翻别人的书包、铅笔盒；下课时爱攻击别人，孩子们都不喜欢和他玩儿。当我随着铃声走进课堂时，一眼就看见他"旧病重发"，气得我把他拽到讲台前，声色俱厉地进行批评教育。原以为这样能吓唬住一年级的小孩子，没想到他呆呆地站在原地，一双大大的眼睛似懂非懂地看着我，我还没教育完，他就已经抓耳挠腮、东张西望了。我只好又换一招，采取了更严厉更高压的政策，大声说："把你的书包收拾好，立刻给家长打电话……"话还没说完，他突然跪倒在地上，边磕头边大声哭诉道："老师，别给我妈妈打电话，我再也不闹了，求您了……"

他的表现猝不及防，让我有些不知所措，过了几秒钟，我被他的表现逗乐了。他茫然地看着我怯怯地问道："老师，您为什么笑了？"我轻轻地把他拉到身边，怒气消失得无影无踪。我看着他的眼睛轻声地问："你为什么要给老师下跪磕头呢？"满以为他会说不知道，可他却理直气壮地对我说："在家里犯了错误后，我就用这种办法，后来妈妈就不说我了……"听了他的解释，我恍然大悟，原来他是在寻求自我保护的方法，把对付爸爸妈妈的办法用到学校里，多聪明的孩子呀！

看着王小愈天真无邪的脸，我想起了苏霍姆林斯基说过的话：

"惩罚是教育失败的根源。"看到孩子屡次犯相同的错误时，如果老师常用的是口头批评，对孩子没完没了地数落，对孩子的做法、看法总是持否定态度，轻易地请家长诉苦告状，用眼睛瞪孩子，不理睬孩子，不让其他孩子和他玩儿等，那么结果是这些孩子会更自卑。让问题孩子更加自暴自弃，让本来顽皮的孩子丧失自尊心和自信心，这样的孩子将失去童年的欢乐。

我再次把王小愈拉到身边，蹲下身子轻声说道："我知道你课下为什么总爱追同学、打同学、翻别人书包了，因为大家课间都不愿意和你一起玩儿，你只有攻击别人才能达到让同学和你玩耍的目的，对吗？"他似懂非懂地点点头。

"你想和同学们玩儿吗？我教给你一个办法好吗？这个办法能让你和同学在课间玩儿，又不会受到老师的批评。课间把你知道的故事、动画片讲给同学听，看看同学们是怎样对你的，老师又是怎样对你的。"

我非常庆幸自己能及时接纳这个孩子的错误，能宽容这个孩子的错误，其实，有时候一个孩子的错误是成长中的错误，我们老师不妨以一颗宽容的心对待他，等他慢慢长大。我也更庆幸自己能和孩子进行心灵上的沟通。陶行知先生曾这样告诫我们："我们必须会变小孩子，才配做小孩子的先生。"也就是说，我们要和孩子有一样的想法、看法，有和孩子一样的喜怒哀乐，和孩子有心与心的交流，这才是心灵上的沟通。只有这样，你才懂得孩子为什么事情违反纪律，为什么事情而激动，为什么事情而苦恼，为什么事情而兴奋不已。这就更要求每位教师对孩子的越轨行为更加细心地分析，多一些理解和引导，少一点厌烦和压制，有意识地为孩子发挥各方面的才能创造广阔的天地，让我们的教育成为美丽的教育。正像一首诗中所写的那样：如果孩子是鸟，教师就是天空；如果孩子是鱼，教师就是大海；如果孩子是花，教师就是春天。

叙事3-16：学生的泪水

实习结束时学生送别的场面让我转变了专业思想和专业方向，我原来并不心甘情愿地想当一辈子教师，但自此后，我的心融化了，坚定了自己当教师的决心。

最打动我的是，离开实习学校的时候，学校的老师、班主任带着学生到火车站来给我们送行，男生、女生都哭了，我们在车上，他们在站台，一路叫着"老师，老师"。我记得很清楚，当时我深受感动，热泪盈眶。我当时在想，我才当了5个星期的老师，师生感情就这么深，如果是我带了3年的学生，真的不知道会是什么样了。所以这件事，对我的触动很大，我的专业思想发生了变化。

（三）师长

求学的过程中，很多师长都用博学的知识、亲切的言行影响到了当时还是学生的教师、校长们，有的甚至是他们后来成为教师或校长的重要影响因素。当然，他们偶尔也会遭遇到一些堪称"负面教材"的师长，从另一个方面给了他们从教的启示。

叙事3-17：让我一直感念的两位初中老师

我上初中时的学校，现在早已改为小学了。但是，我仍然很怀念那所学校，因为那所学校，准确地说应当是那所学校的两位恩师在我的人生轨迹中起到了重要的导航作用。至今仍清楚地记得，我是上了初中后，才开始喜欢上数学的。在刚上初一时，我的学习成绩在班里属于中等。上初二后，张老师教我们数学，开始接触平面几何，我不知不觉地喜欢上了"因为""所以"外加"做辅助线"的推理论证，尤其喜欢做难题。在班里，平时学习成绩优秀的同学都做不出来的几何题，我却能做出来，张老师很欣赏我，常常让我到黑板前面给大家讲题。这对我是极大的激励，我更喜欢数学了，往往是还没等章节讲完，我已经把后面的习题都提前做完了。我还找来练习册，自己主动做了大量的题，解题能力迅速提高。到了高中，我依然对数学有浓厚的兴趣，立志研究数学。在师范院校提前招生填报志愿时，我想都没想，第一个专业报的就是数学。张老师可以说就是我的数学启蒙老师，是他引导我走上了数学教育之路。

中考时，因我报考的中专分数线比较高，没有被录取，我又没有报高中（我的中考成绩达到当时房山区两所重点高中录取分数），所以我没有学上了。我当时想的就是去建筑队打工挣钱，或者是学点手艺。中考成绩出来后，大概过了一个月，学校既管德育又管教学的张副校长来到了我家跟我父母说，看我学习不错，一直在年级前几名，如果就这么不上学了，很可惜。如果我愿意上高中，张校长可以帮忙联系离我家八里地远的一所普通高中，那所学校的校长他认识，基本没问题。我同意继续上高中。所以，我在几乎没学上的时候，得到了学习的机会，才有后来的考上大学，接受高等教育，成为一名合格的人民教师。

至今，我初中毕业已有27年了，但是我始终感激这两位初中时的恩师。是数学老师张老师的激励，让我选择了做一名数学教师；是张副校长的仁慈与关爱，让我能够继续求学，接受更好的教育，改变人生的道路。也是他们教会了我应当怎样做教师，怎样做人。现在我也是这样引领着我的老师们去做教师的。教师，应当做学生成长中的贵人，让学生因感念老师而怀念学校。

此外，学生时代教师的管理方法也会影响到校长后来的管理方式。

叙事3-18：师生大会

上高中时，赵老师是我们的年级组长。3年当中，赵老师严谨的工作态度、爱生如子的情怀给我留下了深刻印象。记得从高一开始,赵老师每周都要召开一次年级组师生大会。大会主要包括三项内容,一是总结前一段出现的好人好事,比如哪个班学习劲头足,哪位同学努力刻苦,我也曾经被赵老师表扬过,说我每天早晨到校早、学习有目标、主动性强等;二是一一列举他发现的平时年级、班级以及学生身上表现出来的各种问题,并分析产生问题的原因,如考试后,同学们没考好情绪低落,他会进行心理调试,帮助同学们尽快振作起来;三是为我们指出下一阶段的奋斗目标以及如何达成期望。每次开完会后,我都有收获,深受启发。在我看来,这每一次会,都是我们成长中的加油站。我参加工作后,也曾经担任过年级组长,我在自觉地传承着赵老师的做法,努力成为学生们成长中的贵人。当了校长后,我把赵老师的做法讲给年级组长们听。3年来,我校的6位年级组长也在这样做着,效果很好。所以,我们学校的6个年级和谐向上,师生关系融洽,学风好。

叙事3-19:老师的行为使我意识到照顾学生生活的重要性

在三年级时,我的班主任是张老师,是一位大概40多岁的中年女人,总是很严肃,我们学生都很紧张,不敢越雷池一步。但有一件事让我们对她改变了看法,那是一次学生集体表演比赛,时间已经到了中午,学生们都饿着肚子,多数身上又没有钱,而下午的比赛还要继续,不能回家。同学们开始抱怨,这时突然有人说,老师在发吃的,我们围上去看,确实是张老师在给每个同学发面包(现在看来是又粗糙又硬,但在那个时期,这是最好的食品了),我们非常兴奋,因为家里很少吃到面包。这要花多少钱啊?同学们小声地问,不敢去接老师递来的面包。"没关系,这是学校发的,你们快吃吧!"张老师说。我们很快发现,只有我们班的同学吃到了面包,原来是张老师用自己的钱给我们买了吃的。我们哭了，我们知道张老师家里很困难，自己一个人带着一个生病的孩子，她把爱心倾注到了我们的身上，把我们也当作了她的孩子。之后同学们会利用休息日到张老师家中帮助她做家务，再也不会对她感到畏惧。在那一天，同学们似乎长大了。而我第一次有了对教师职业的另一层理解，教师不仅要教学生学习，也在关心学生的生活，学校与家庭是紧紧相连的，而不仅仅是一个单纯的学习之所，这里应该有更多的亲情。

也有些老师成为了负面教材。例如，有校长至今还记得童年时的一位老师，他写道：五年级教我们的是一位戴眼镜的张老师，很严厉。后来我们发现他喜欢一位女同学，总是称呼她的小名，很亲切的样子。再后来，不知什么原因，好像有了矛盾，张老师经常把带着长长烟灰的烟蒂丢到那个女同学的桌上、本子上，女同学也以愤怒的目光回敬。同学们都在私下里议论"老师怎么能这样呢"？从那时我就知道，做老师一定要师德高尚，德艺兼修。

叙事3-20：缺席的代价

五年级时我们换了班主任王老师，发生了一件令我一生难以释怀的事。当时班内的同学都很活泼好动，甚至会惹老师不高兴，老师也是用尽各种办法对这些学生加以管束，尽管效果不是很理想。我在班内成绩很好，也从未捣过乱，仅有的一次学校内全体活动我没有参加，却成了影响我一生的大事。那天，是全市的公审大会，市里要求学校组织高年级的学生前去观看，教育学生不要犯罪，努力学习……活动的前一天放学时，同学们一起回家，有几个调皮的学生商量不参加学校的活动，一起出去玩，我听了也没有在意。当天晚上我有些发烧，想起同学们说的话，想着反正也不是上课，这种大会以前也参加过，一点意义也没有，只是让学生看到了社会上存在着这么多不好的东西而已。自己又很难受，就跟妈妈说了不想参加，想休息半天，下午再去上课。妈妈急于工作，也没有到学校请假，便让我在下午的时候向老师说明原因。

结果，第二天下午到学校时，发现班内的气氛非常不对，异常压抑，整个屋子里的空气都像是凝结不动了。原来，上午的活动竟然有十几个学生没有参加，王老师的脸色能杀死每一个人，这些学生都承认是去某个同学家玩了，而我向老师解释，他根本不听，就说我们没有一个好东西，别以为学习好，就什么都好，连错误都不敢承认。当时就让我们这些学生都站在最后的座位上，把凳子全都撤走，后面的同学就坐在我们原先的位子上。并且提出第二天要家长到学校承认错误，学生才可以坐下。我感觉受到了莫大的侮辱，和很多同学一样，流下了眼泪。当天我们站了整整一个下午，回家后，我也没有向妈妈说起此事。

第三天，我仍然站在空位上，看到其他同学的家长来到学校向王老师低声细语地承认错误，只一会功夫，王老师就和家长有说有笑的，送走了家长，这个同学也就回到原来的座位坐下了。一个上午过去了，只有我还站在那。下午，我仍然一声不响地站在那。王老师一天的好心情可能是因为我而受到了影响，临放学时，又当着全班的面对我一阵狂轰滥炸，各种尖酸刻薄的话现在还会在我耳边响起，而我当时很佩服她的语言功底，居然会积累了那么多伤人的话，而对象仅仅是小学五年级的我。当然了，放学后，我依然没有跟妈妈讲这件事。

第四天早上，我来到班级，依旧找到我站立的位置，但王老师已经忍无可忍了，直接让我站在教室外面，并且向学校声明，这是一个不可教育的学生、极坏分子，让我离开这个班。当妈妈赶到学校时（学校不知用什么渠道通知到她），连忙向老师承认错误，还解释当天我生病的事，但王老师已经根本不听解释，还说是我们母子在家说好了，总而言之，学生不能要了。再后来具体发生了什么,我也不清楚,妈妈也没有再提起,而我回到了原位继续学习。妈妈只是说让我好好学习,加强自学能力,以后不要顶撞老师。从此,我在班上变成了一个沉默寡言的人,不再主动回答问题,老师也不再主动提问我,我知道了什么叫自学。那一年升初中,我以数学100、语文86(满分均为100)的成绩进入四平二中(当时的区重点校),在初中班内排第8名。

当时的小学只有五年级,在最后一年中,所经历的一切在我的记忆深处打下了太深的烙印,当年由于我一时的过错(没有参加活动),就被横加指责甚至被变相体罚,由于我的任性(不想让辛苦工作的母亲为我操心,自己的事自己扛),导致自己被放弃,从正式生变成了一个旁听生(自己的理解),由此我一直在想:教育的本质是什么?小学阶段,正是学生快乐成长,对世界充满好奇,对学校生活充满渴望的时期,学生们的世界观还没有形成,需要老师正确地引导,老师个人素质的高低可能会影响到学生以后的人生发展。

(四)师傅

在校长们成长的过程中,在教学和管理工作中他们都得到了身边导师的悉心指导。例如,有校长谈道:在这些人中对我的观念和行为产生最大影响的就是我的恩师——王彬老师。当我进修学习需要指点时,是王老师教会我钻研教材提高教法的方式方法;当我需要撰写论文提升经验时,是王老师协助我理清文章的脉络;当我管理工作中遇到烦恼疑惑时,是王老师客观地帮我进行分析明确工作的方向。还有的校长忆起了那些对自己管理理念和方式产生过深刻影响的人。

叙事3-21:爱学习的两位老教师

我在最初工作的学校工作了20年,我的师傅是主抓教育教学的李副校长,她个子不高,齐耳短发,显得精瘦干练。她是语文学科的专家，经常应邀在市区开展各级公开课。记得有一次，她要为全区教师讲《小马过河》一课，她当时年龄已近退休，为了让学生更好地理解课文内容，她特意拜学校的美术老师为师，花了一周的时间学习简笔画，公开课当天，随着学生的学习，她寥寥几笔就勾勒出了当时小马过河的情景，为学生理解课文，体会其中所蕴含的辩证思想起到了很好的作用。

当时我们的学校还有一位体育特级教师隆老师，每次从他的课堂走过，都是一道亮丽的风景线，他带出的学生坐有坐相，站有站姿，一招一式训练有素，学生的体育达标率、优秀率居全区榜首。我当时刚被提拔为教学副校长不久，为了帮助我尽快上路，隆老师经常找我聊学校教学管理的事情，并坚持为我做剪报，把每天看的报纸中有关教育的信息剪下来，第二天一早送给我，供我学习和参考，就这样一共坚持了近两年，直到他退休。

透过上述两位老师的行为，我经常在想："一个已近退休的老师，身上为什么会有那么旺盛的学习力，本不是自己分内的事，为什么会如此用心地培养一名年轻干部呢？"我得出的答案是：这源于他们对教育事业、对学生深深的热爱，正是这种爱，使他们把学习作为一种生命常态，活到老学到老；正是这种爱，使他们把培养青年干部作为自己的职责，关爱有加；也正是这种爱，使他们早已忘记了自己的年龄，全身心地投入到党的教育事业中去，做到了"生命不息，战斗不止"。

（五）领导

很多时候，一些人的成长其实得益于直管领导的提携和指导。领导给予的展示机会、即时的指导和为人处世风格的影响都会成为一个人成长的加速器。

叙事 3-22：王校长的启迪

对我影响比较大的另一位老师就是现在仍在这所小学担任校长的王校长，她既是我的良师，又是我的益友。记得那时还是 2002 年，为了进一步提升学校的办学影响力，上级教委把敢想敢干的王校长派到了这所学校，王校长来了之后，经过广泛的调研分析，在把握学校文化根基，梳理学校文化脉络，整合学校文化元素的基础上，大胆提出了"名师工程"的发展思路，意图通过开展此项工程，建立一支敬业精神强、教育观念新、科学教育手段和专业水平高、教育质量好、科研成果影响大的名师队伍，并计划在将近 5 年的时间内，培养若干名国家级、市级、区级学科骨干教师，并推出了第一位名师——无论是在做人还是在为师方面都堪为楷模的邵老师，学校为这位 30 年如一日在教育教学岗位上默默无闻、无私奉献的老教师召开了个人教学思想研讨会。接下来，作为"名师工程"的进一步推进，学校又推出了"阳光行动计划"，通过 5 个（"文学驿站""数学沙龙""艺海泛舟""阳光团队""心灵小屋"）名师工作室的建立，以"读论相融、学研结合、问题研究、共享共进"为理念，以"管理论坛、学术沙龙、案例分析、专题研究"四种载体为主要研究形式，从强化理论认识入手，以科研课题带动，以课堂教学为基础，促进学校教师队伍均衡、整体发展。"名师工程"的推出，使老师们备受鼓舞，他们普遍感到在学校创设的良好氛围中年轻教师在提高，老教师有用武之地，所有教师的潜能得到了充分的发挥。

在我们一同工作的 8 年里，王校长给了我多方面的启迪和帮助，在我步入校长职业生涯最初的这一两年，管理学校的一些思路、方法都是来自王校长，我也总是在自觉不自觉地模仿王校长，特别是把教师队伍的建设放在学校的重中之重来抓，使学校教师的专业化水平得到了大幅度的提升。

进入校长职业生涯后的专业发展，校长们会呈现出不同的发展趋势。有的校长观念开放、不断学习、勇于创新、大胆尝试，逐步步入专家型校长行列；有的校长恪尽职守，对于上级的各项要求认真去完成，但是对于学校和教师发展缺少自己系统而有新意的想法和设计，个人职业生涯发展平稳但是难有突破；有的校长始终保持对教育改革的敏感，锐意进取，不断改革与实验，校长职业生涯呈现蓬勃向上发展之势；有的校长观念保守、停滞不前、固守成见，对于学生地位、教师角色和学校发展定位的认识不能与时俱进，个人和组织发展逐渐走下坡路。这种职业发展的差异与校长的专业思想、态度、价值观、素质、知识、技能、领导能力、管理策略等个人因素相关，当然也与社会发展、组织培养、良好机遇等外部环境因素有关。

第二部分

校长的胜任特征

第四章　校长叙事：行为事件访谈
第五章　成就特征
第六章　影响特征
第七章　管理特征
第八章　认知特征
第九章　个人效能

第四章 校长叙事：行为事件访谈

一、行为事件访谈法

行为事件访谈法（Behavioral Event Interview，简称 BEI）是目前在构建胜任力模型过程中使用最为普遍的一种方法。它主要以目标岗位的任职者为访谈对象，通过对访谈对象的深入访谈，收集访谈对象在任职期间所做的成功和不成功的事件描述，挖掘出影响目标岗位绩效的非常细节的行为。对收集到的具体事件和行为进行汇总、分析、编码，然后在不同的被访谈群体（绩效优秀群体和绩效普通群体）之间进行对比，就可以找出目标岗位的核心素质。

行为事件访谈法是由在国际心理学界和企业界享有巨大声誉的大卫·麦克里兰（David McClelland）教授结合关键事件法（Critical Incident Technique，简称 CIT）和主题统觉测验（Thematic Apperception Test，简称 TAT）而提出来的。关键事件法是由美国学者福莱诺格（Flanagan）和伯恩斯（Baras）于1954年最早发展并提出来的，"它是调查大量工作，并集中在更重要的管理行为方面的最好的研究技术。它的信度和效度都已得到了证明"。关键事件法提供了一个人在实际工作中是怎么做的、说了些什么、怎样想的和感觉如何等方面的信息。

行为事件访谈法采用开放式的行为回顾式探察技术，让被访谈者找出和描述他们在工作中最成功和最不成功的 2～3 件事，然后详细地报告当时发生了什么。具体包括：这个情境是怎样引起的？牵涉到哪些人？当时是怎么想的，感觉如何？在当时的情境中想完成什么，实际上又做了些什么？结果如何？然后，对访谈内容进行内容分析（专业术语称之为编码），来确定访谈者所表现出来的能力素质特征。行为事件访谈法被广泛采用的一个原因是：它提供了时间压缩的观察。它能使研究者获得被访谈人在几个月、几年内发生的事情，从这个角度来讲，它比直接观察或对实时模拟中表现的行为的编码效率更高。

在收集人们做了什么、想了什么和感觉如何这些信息后，建立在关键事件访谈基础上的行为事件访谈是一种有效、可靠和有用的方法，是一种揭示人们工作作为的具有内容效度的方法。它虽然也询问校长是什么使他成功，但行为事件访谈提取成功的因素是通过对访谈资料进行可靠的编码和统计分析，在对结果进行解释时，才把被试在事件中表现出来的胜任特征与高效的绩效联系起来。

二、为什么要用行为事件访谈法

"教育科学的学术水平在一定程度上取决于其研究方法的科学性。"（林崇德，1992）在我国，对中小学校长的工作职责和素质结构所做的研究比较多，而对这个群体真正在做什么、怎样做和为什么做的研究还很少；对中小学校长的研究，思辨性和谈论性的比较多，而真正的现场描述和行为分析的研究较少。

胜任力研究方法的基础原则是：人们关于他们动机和技能的所想所说是不可靠的，只有他们在大多数关键事件中的实际行为表现才是可信的。我们经常会运用或观察传统的访谈方法，这些传统的访谈方法，除行为型问题访谈外，其他大部分非结构化的、非行为型的访谈方式对发掘胜任特征作用不大。例如，我们经常问以下一些问题："你喜欢或不喜欢什么样的工作""你的优缺点是？""你对领导者要关心下属是怎么认识的？""你勇敢吗？"……

这里就涉及一个常见的问题：对大部分人来说，一个人支持的行动理论或观点与他实际表现的行为有时正好相反，"所强调的恰恰是欠缺的"。谈论认识、意愿和假设类的问题，大多数被访谈者往往会给出社会称许性的答案，人们通常揭示不了他们的真实动机和能力。被访谈者通常会按照环境对其角色的要求来回答有利于对他评价的答案，却不一定真正达到了访谈所提出的要求，没有真正提供自己实际胜任特征的表现信息。因此，仅由一个人的所想及所谈，就认定对方具有这方面的能力，其实是不可信的。只有通过了解他们确实经历及面对关键事件时的行为表现，发掘胜任特征才能得到可靠的结果。

在这方面，行为型问题是行为事件访谈法的起点。除行为型问题外，其他传统访谈问题类型容易导致访谈人发生一些角色错位现象。而行为事件访谈法的设计，就是要企图避免这些传统式访谈所衍生的问题。

三、校长行为事件访谈的实施

（一）校长访谈准备

1. 绩效标准（效标）的确定。

绩效就是业绩与效能，也有人认为绩效是一种成就，是人们行为的产出或结果。通俗说，绩效是指人们工作活动的结果。不能创造出绩效的领导者，事实上并没有进行领导工作。或者更确切地说，不能创造出目标绩效的领导者，事实上并没有进行领导工作。只有当每个组织都是"为了其业绩而被完美地设计出来的"时候，实现组织绩效的领导者才被认为进行了领导工作。

根据行为事件访谈的要求，由专家小组确定效标样本的选择标准，然后确定选择参加行为事件访谈的优秀组中小学校长和普通组中小学校长。

2. 设计访谈提纲。

为了充分利用访谈时间，访谈者需向校长提供项目研究的背景资料，并提供备选问题鼓励校长进行准备，从而确保访谈有重点且简洁。可预先拟定访谈的问题列表。

校长个案访谈提纲（校长用）

您好！我是_____，是北京教育学院校长胜任力课题组的工作人员，非常感谢您今天接受我的访谈。

1. 访谈目的。

您被选为我们的最佳人选，毋庸置疑，您是此方面的专家。访谈针对工作来收集资讯，而非评估校长个人。这是校长研究计划中的一项，通过访问像您这样实际在岗的校长是如何执行工作的，从而发现校长工作必须具备的素质和条件，有助于未来校长的选拔和培训课程的设计。

2. 访谈内容。

请您先回想几分钟，过去的12～18个月中，您工作中曾经发生的4～6件比较重要的、最能体现您工作特点的事例，请您详细说明当时的真实状况及您的实际做法。

3件满意、出色的事例：您认为，在这些事例中，您当时判断正确、处理得当，困难障碍都被克服，效果良好，您对自己的做法感到满意，给您留下深刻记忆。

1～3件遗憾（不满意）的事例：您认为，在这些事例中，您当时的判断有失误、采取的措施效果不明显，有些困难和障碍因种种原因未能克服，最后的结果您不是太满意，或感到非常遗憾。

您对这些事件的描述越详细越好，包括：

（1）事件的基本过程。当时涉及哪些人和事？您与这些人在事件中的关系是怎样的?

（2）您在其中的作用是什么？当时有没有困难,困难是怎样被克服的?

（3）在当时的情境下,您当时心中的想法、感觉和想要采取的行为是什么?

（4）您当时做过或说过什么?

（5）事情结果如何?

（6）您对事情结果的感受是什么?

如果您已经思考成熟,下面就请您举出您认为比较重要的6件工作事例,如果能给每个事件取一个名称来代表就更好了。

3. 关于保密。

为了便于研究,我们要对这次访谈进行录音,录音机只是帮助用来做笔记。如果访谈中涉及您很难回答的问题,您可以不回答,如果涉及一些人名、机构等不方便说的,您可以使用假名。同时,如果有什么话,您认为不适合录音,您随时可以提示我关掉录音设备。您说的任何一件事,都会被高度保密,您的访谈资料会综合放在一起,上面没有您个人的名字和任何谈论的记号,访谈内容仅供研究使用。

本次访谈大概会占用您两个小时左右的时间。

感谢您的支持!

校长访谈协议

本访谈为校长胜任力研究项目中的一部分,为保证科学研究的严谨性,我们将对访谈内容全程录音,部分资料会做书面记录,以便后续整理。如果访谈中涉及您不想说出的人名、地名或是机构,您可以用符号代替。主要目的是为了保证能够在保护被访谈者权利的前提条件下,科学地使用访谈资料。

访谈的主要内容和方式是请您具体介绍几个在工作中遇到的

重要和典型的工作事例，目的是想了解您的工作方式和方法以及思维行为特点，这对于我们形成科学、规范、操作性强的校长评价指标体系是十分重要的。

本协议一式两份，如果您同意协议中的有关说明且愿意接受访谈，并保证提供资料的客观性，请签署姓名。

校长：_____　　主持者：_____

时间：___年___月___日　　时间：___年___月___日

地点：_____　　地点：_____

胜任力访谈提纲（访谈者用）

1. 访谈者自我介绍，介绍研究目的、访谈时间以及访谈内容。签订访谈协议，并感谢校长接受访谈。

2. 了解校长背景信息：姓名、性别、年龄、学校名称、毕业院校、所学专业、职称、从事管理工作经历以及目前主要工作职责。

3. 请校长回想几分钟，想一想近几年在管理工作中遇到的一些比较典型、印象比较深刻的事例或工作情境：最成功的3件事和最遗憾的1～3件事。

典型事例要求：校长较为满意的，分析判断正确，采取的措施得当，克服所遇到的困难障碍，最后的结果令人满意；可以包括那些结果不怎么令人满意，但是在整个事件的发展过程中让校长觉得挑战性强。

4. 请校长依次具体讲述每件事情，谈谈每件事情的背景情况，校长当时的具体角色，面临的任务，校长当时具体做了什么十分有效的工作？最初构想计划，决策过程，推进实施过程，所遇到的困难及如何克服的，成功后的体会与总结。

描述事例要求：校长描述得越详细越好，包括事情的起因，与哪些人有关，校长感到困难的是什么，是怎么认识和解决的，最后结果如何，校长对此结果有什么感受等等。重点是请校长详尽谈谈在这一工作中的具体角色、任务、最初想法、决策实施过程、所遇到的困难及其处理方法等等。

追问问题提示：请详细描述在此情境中发生了什么？这个情境是怎样引起的，牵涉到哪些人？您当时怎么想的？感觉如何？在当时遇到了什么困难，如何克服？在当时的情境中，想完成什么？实际上做了什么？结果如何？您个人起到什么作用？您个人哪些因素导致了成功？

5. 请校长谈一下个人的哪些特点对于担任校长的工作起到了促进作用？或是校长个人认为对于一个校长来说哪些素质是非常重要的？

6. 结束访谈，并再次致谢！

（二）访谈人员培训

"校长胜任力模型"课题组邀请国内人力资源和心理学的资深专家对所有分课题组的访谈人员进行基础培训，内容包括胜任力研究基本理论以及行为事件访谈法的技术要点等，使访谈者明确访谈目标，熟悉相关原理和概念。

在此基础上，分课题组通过模拟访谈、预访谈使访谈人员逐渐掌握行为事件访谈法的技术要点。结合预访谈中出现的问题，对全体访谈人员进行深入培训，总结访谈中发问、追问、插问的访谈技巧，并进行观察训练。通过一系列培训，使访谈者能够做到：把握访谈的节奏与时间；控制校长的情绪；有效引导访谈内容不偏离访谈目标；调整访谈方式，恰当使用发问、追问、插问等访谈技巧；对校长进行有效反馈；避免个人偏见，客观、公正、充分。

（三）其他事项

1. 准备访谈必需的设备和材料。

不论任何时候进行行为事件访谈，都要尽可能地录音和记录。访谈者的个人笔记常常会漏掉丰富而详尽的细节，这些笔记通常倾向于反映访谈者个人对事实的"译文"，而不是被访者的实际情况。但是录音设备可以捕获被访者处理事件的动机和思想过程中精确的细微差别。行为事件访谈的录音素材同时能够提供丰富的培训题材、案例、角色扮演或模拟训练素材，对于基于胜任模型的开发提供了非常有价值的素材来源。

2. 了解将要被访谈的对象。

预先知道校长的姓名及正确发音、学校的状况，但最好不要预先得知校长表现优秀与否，以避免先入为主的观念。如果访谈者预先得知校长是一位优秀校长，可能会运用引导式的问题来发问，刻意创造一个令对方自我表现的机会；若校长只是表现平平的校长，访谈者可能会对访谈失去兴致，从而限制他的发言。

3. 确定访谈的时间与地点。

安排一个不受打扰的谈话场所，最好是远离校长的办公室、电话或访客的干扰。在访谈前确保有足够的时间到达访谈地点或提前到达访谈地点。

4. 熟悉你要访谈的内容。

记住每个阶段的访谈要点。访谈者会发现这份准备，将有助于自己进行行为事件访谈，以及事后摘录访谈资料。

（四）校长行为事件访谈的步骤

第一步：介绍与解释。

初始阶段的任务是向校长介绍研究课题和自己，目的是与校长建立信任、友好的关系氛围，激发校长良好的谈话意愿，使其在轻松自在、开放和准备齐全的状态下和访谈者交谈。

1. 具体步骤。

(1) 以友好的方式介绍自己,使被访谈者感到轻松。

(2) 解释访谈目的,激发被访谈者积极参与谈话;很多人想知道为什么他们被选来访谈,以及访谈结果能派上什么用场。

例如,可以这样说:"访谈的目的是为了研究作为校长必须具备什么样的能力和特征,我们采用的方法是,访问像您这样的校长如何去开展工作。您是被挑选出的我们了解这些特征和能力的最佳人选。当然,您是这方面的专家,所以我们向您请教做好工作的一些问题。请您把作为校长以来所经历的几件最重要的事件以'讲故事'的形式告诉我们,包括3件成功的事件和1~3件不成功的事件,每个事件大概15~20分钟。"

(3) 强调对谈话内容保密。

可以这样解释:"您今天讲的所有访谈内容,将被严格保密,只有研究组成员才能看到,并且会隐去涉及的相关人员及其单位的名字,保护您的个人隐私。"

(4) 获准使用录音设备。

可以说:"我将对谈话内容进行录音,这样我就可以把焦点放在谈话上而不用做太多的笔记,但对您所说的每句话都将严格保密。如果您不想被录音,只要告诉我,我就会关掉录音笔。"

(5) 征得校长同意后,请校长签署《校长访谈协议》。

2. 应注意的问题。

(1) 开诚布公说明你的身份、访谈目的及动机,以建立双方的信赖感,并求得校长的协助。

通过介绍你是谁,你正在做什么和为什么这么做,然后请求他的帮助。如果你是诚恳的、非正式的、友好的,被访谈者是喜欢这一方式的。

(2) 询问校长的观点,对校长表现出真诚的兴趣,请他站在其业务专家的角度来接受你的"采访",向他请教看法,以缩小你和被访谈者之间"专业研究者"的差异,同时可让他有安全感,并感受到谈论他所知道的事实,包括工作和他自己的感觉是非常有趣且有益的经历。

(3)如果校长对于录音感到保密性不足极不舒服。"为什么要录音呢?"

可以这样说:"您说的任何一件事,都会被高度保密,您的访谈资料会综合放在一起,上面没有您个人的名字和任何谈论的记号。录音笔只是帮助我们集中精力进行访谈,便于访谈后进行资料整理。若您觉得有些事情很敏感,想关掉录音笔,我会马上关掉。"

(4)介绍完后,需询问:您还有什么不清楚的地方吗?有,则进一步解释。

第二步:理清工作职责。

这部分的访谈目的是了解校长目前实际的工作状况。包括职务、职称、工作职责、工作关系等,操作如下:

1. 问题示例。

"您目前的职称是什么?""您学校的上级主管部门是谁?职位名称是什么?""您的主要任务或职责是什么?您实际的工作内容是什么?""简要说明学校历史、规模、现状等。"

2. 应注意的问题。

此部分只需简要了解,不宜花太多时间。用被访校长介绍的工作职责达到向关键行为的自然过渡。如果校长在介绍中继续列出大量任务和职责,访谈者可以打断对方,请求其选择一个重要的职责举例具体展开,引导其描述行为事件。例如:"您能先从这些重要的任务中选择最重要的一项举个例子来说明您处理的过程吗?"

第三步:挖掘行为事件。

行为事件访谈的中心目标,是让校长详述4～6个有关重要事件的完整故事。这一部分应该占大部分的访谈时间,而且应该提供具体的细节。

常用的提问是：下面请您先回想几分钟，想一想您在担任校长的最近1～2年中印象最深刻的4～6件事，包括3件成功的事和1～3遗憾的事。然后按时间顺序详尽地描述自己在这4～6件事中的具体想法和行为，包括您当时的行为意图和内心事件（含感知、价值观、情感反应），比如自己是怎样想的？感觉如何？又是怎么做的？结果如何？等等。

访谈者访谈的重点在于发现被访谈者在过去确定的情境中所采取的措施和行动，而不是假设性的答复以及哲理性、抽象性或信仰性的行为。这需要采用STAR方法深层次挖掘出具体的行为细节来。

1. STAR工具。

STAR工具是一种保证访谈结果有确定架构的方法。对每个问题都用一种结构化的方式询问，能够给访谈者提供大量受访者过去经历的信息。

访谈者在访谈过程中应该时常提出一些问题，以不断确证对受访者特征的判断。如果受访者在几个事件中都涉及了相同或相似的经历与问题，访谈者应该特别关注此种经历中受访者的感受或立场及其待人接物的方式。

· S（Situation）

"那是一个怎么样的情境？什么样的因素导致这样的情境？""在这个情境中有谁参与？"

· T（Task）

"您面临的主要任务是什么？为了达到什么样的目标？"

· A（Action）

"在那样的情境下，您（访谈人）当时的想法、感觉和想要采取的行为是什么？"在此，要特别了解校长对于情境的认知和事例的关注点。

校长如何看待其他的人（例如，肯定或是否定）或情境（例如，问题分析与解决的思考）？

校长内心的感受是什么（例如，害怕、自信、兴奋）？

校长内心想要做的是什么？什么想法激励他们（例如，想把事情做得更好，让老板印象深刻）？

· R（Result）

"最后的结果是什么？过程中又发生了什么？"

STAR 是行为事件访谈法最好的武器，也是最有效的问法，访谈中主要使用 STAR 提问。但是 STAR 也是一项比较复杂的技术，需要注意一些问题。

2. 应注意的问题。

（1）从成功的事件开始访谈。

（2）让受访者按事件发生的经过和时间顺序说明整个故事。

（3）借由发问，引导受访者讨论过去真实的情景。

（4）探究受访者行动背后的想法和意图。

（5）强化受访者多说有用的素材。

（6）理解受访者的情绪变化并有心理准备。

第四步：求证校长所必需的胜任特征。

1. 这个步骤有两个目标：如果前面没有获得 4～6 个行为事件，则作为补充方法。

通过询问校长本人对从事工作所需素质的理解，使其因为受到尊重而感到更加自信。在行为事件访谈结束后，可以说："非常感激您给我们提供这些精彩的案例，最后，请您简单总结一下，能够成功担任您目前职务的领导者需要具备哪些素质或特质及关键能力？"

2. 应注意的问题。

对被访谈者有关观点表示肯定或表示已经知道，不要去争论。辨别其论述与其在事件中表现出来的特征是否一致，进行辨析式的提问。如果已经收集到足够信息，则就此结束访谈。如果校长无法陈述 4～6 个事件的内容，此时访谈者就可运用访谈"特质"的问题，对校长继续追问额外的内容。增强校长所提供的任何相关的特质，都有助于访谈内容的充实，所以访谈者对于校长的回答，要特别表示感激说："这是我们非常感兴趣的，这真正是我们从访谈中想要找寻的内容"等。

第五步：结束总结。

1. 结束。

结束前，感谢校长抽出时间接受访问，及其非常有价值的贡献。可用关怀的口吻安抚校长，表达感同身受的想法。比方说，如果校长在工作上不是很喜欢或很顺利，应尽可能让他离开时感受到他是坚强而有价值的。

2. 摘录及详细记载。

访谈结束后，坐下来再利用一个小时来摘录访谈过程中所获悉的资料，如果有充裕的时间，应趁记忆犹新的时候，把整个过程完整地写出来。如有任何假设性的关于工作上必备胜任特征的部分，可以在下一个访谈中再做一次澄清与印证。

访谈结束后，及时进行资料的初步整理，对每份资料进行访谈成员间的双复核和访谈小组间的交互检验，及时发现并处理问题。为防止对某些关键细节的疏漏与遗忘，需对访谈资料进行总结摘录。

四、口语主题分析与编码

（一）文本转录

行为事件访谈时，使用录音笔进行录音。所有录音文件转录完毕后，转录文本更换人员依据原始录音进行校对。并按照设计的文本结构编辑形成具有统一格式的录音文本，同时对录音文本进行随机编号。

（二）文本编码（口语主题分析编码）

编码是为了获得各种胜任特征的证据而用来分析访谈文本的一种

记分技术,即通过分析行为事件访谈整理的录音文稿,获得标准化的数据。对访谈文本进行编码,需要使用口语主题分析编码技术。

口语主题分析编码技术是指运用"主题统觉测验"来提取特征主题定义,并运用"口语表达内容分析法"(content analysis of verbal expression, CAVE)来对特征主题定义进行编码计分。它是一种客观的定义和计分的途径,并可由不同的观察评价者通过此种评价方法,获得一致的评价结果。TAT 的核心要义是通过对优秀者与普通者的比较,发现决定绩效优劣的关键因素,即从事该职位工作所需要的胜任特征。CAVE 的编码方式可以使编码员在优秀者与普通者之间的显著特征差异上,进行计算和统计分析。口语主题分析编码遵循两个步骤:第一,根据词典中胜任特征词条的相关定义与分级,对其进行编码与归类整理;第二,提炼新的胜任特征主题丰富胜任力词典。

(三)编码步骤

1. 组建编码小组。

编码小组组建后,使其熟悉词典内容、掌握编码原则与技巧,并对编码和文本资料分析过程中可能出现的问题制订预警方案。

2. 试编码与讨论。

随机选取一份访谈录音文本,复制到人手一份,根据词典里所有的胜任特征,开始试编码。在相应内容的旁边标明相应的代码和等级;而对胜任力词典中未列出的胜任特征,则用编码员自己的语言进行初步归纳与整理。小组成员陈述他们对个人编码手稿中归纳词条的看法,并根据使用的情况进一步修订词典。

3. 独立编码。

再随机选取一份访谈录音文本,复制到人手一份,编码员使用经讨论修改后的胜任力词典,进行独立编码。

4. 编码一致性统计。

编码员对编码结果的一致性进行初步统计比较,化解差异,对访谈内容编码达成共识。最后形成正式编码用的胜任力词典。

5. 正式编码。

编码时不仅要记录某一胜任特征出现与否，还应记录此胜任特征在胜任力词典中的具体等级；记录某一特征在一个事件中出现的每一次；整个访谈录音文本完成后编一次码。

6. 编码结果统计处理。

对编码得到的数据进行汇总、统计，对优秀组和普通组在每一胜任特征出现的频次和等级的差别进行检验，将差异检验显著的胜任特征确定出来，建立初步的胜任特征模型。

7. 补充编码。

编码过程中，根据访谈资料，进一步增补胜任力词典初稿中没有包含的胜任特征项目，形成正式编码用的胜任力词典。利用正式编码用的胜任力词典对已经编码完毕的访谈文本进行补充编码。

五、校长胜任特征的确定

（一）中小学校长胜任力词典

校长胜任力词典是胜任力理论中最引人注目的成果，它是在对校长岗位要求下的校长诸多层次特征的"解释"，是在查阅大量文献的基础上，对大量优秀校长组和普通校长组对照的访谈资料进行心理活动分析工作的结晶和集合，是胜任力模型的来源和基础。

1981年，理查德·鲍伊兹（Richard Boyatzis）对一些关于经理人胜任素质的原始资料重新进行分析、钻研并归纳出一组用来辨别优秀经理人的胜任素质因素，这些因素能够同时适应于不同的公司及功能上。从1989年起，麦克里兰开始对全球200多项工作所涉及的胜任素质进行观察研究。经过逐步的发展与完善，共提炼形成了21项通用胜任素质要素，构成了胜任素质辞典（Competency Dictionary）的基本内容。这21项胜任素质概括了人们在日常生活和行为中所表现出来的知识与技术、社会角色、自我概念、特质和动机等特点，形成了企业任职者的胜任素质模型。

事实上，胜任力特征词典的开发和研究在国外已经有近30年的历史了，相对比较成熟，当中的部分内容也在管理实践中得到了很好的验证。然而，在中国，胜任力特征管理还处于初步的发展阶段，众多组织都纷纷在尝试开发和构建适合自身特点的胜任力（领导力）模型。但目前，国内基础教育领域内尚无一本相对规范的、具有针对性和指导性的校长胜任力特征词典，无法满足组织动态的发展要求。

因此，我们在研究中从实证的角度出发，在构建中小学校长胜任力模型的基础上，完善形成了"中小学校长胜任力词典"。该词典将帮助教育管理部门更客观地、有针对性地选拔、培养、激励校长，进而推动校长核心能力的建设和组织变革。另外，中小学校长胜任力词典有利于学校进行人力资源盘点，明晰学校的人才储备和未来能力要求的差距，更好地为有潜力的后备干部提供个性化的培训方案，进而搭建更有效的职业发展路径。

（二）中小学校长胜任力特征的聚类分析

词典的编制建立在既往的相关研究和专家学者的经验研究的基础上，通过观察普通和优秀校长的日常工作，运用深度访谈法、专家小组讨论法、统计测量法以及团体焦点访谈法，对选出的样本进行研究。

我们借鉴合益集团（Haygroup）的基本胜任力词典，参考通用胜任词典的相关词条，根据对校长研究文献的整理，结合预研究的访谈结果，参照斯宾塞（Spencer，1993）关于胜任力的分类，编制了包含5类特征群33个胜任力特征因素的"中小学校长胜任力词典"（见下表）。由于小学校长与中学校长有很多不同方面，所以在研究中把小学校长和中学校长分开分别进行胜任力研究，因此，在访谈资料的编码中，根据基本的词典条目，中学和小学分别用了不同特征群进行编码，如赵亚男（2007）把中学校长胜任力特征群分为：成就特征、服务特征、影响特征、管理特征、认知特征、个人效能；王秀玲（2007）把小学校长胜任力特征群分为：管理特征、领导特征、品质态度、专业素养、认知特征、个人特质。

中小学校长胜任力特征群

特征群	胜任特征
成就特征	成就导向、主动性、战略策划、挑战性、使命感
影响特征	人际理解、沟通能力、组织洞察、关系建立、影响力、资源开发与利用
管理特征	培养人才、职权运用、团队领导、团队合作、队伍建设、制度建设、组织协调
认知特征	分析思维、概念思维、专业素养、学习领悟、反思力、决策力、创新性
个人效能	自我控制、自信心、宽容、灵活性、责任心、意志力、诚信正直、关注细节

特别说明的是，上述特征群分类的主要依据是胜任力的概念，并参考了胜任力的冰山模型理论，这些胜任特征的归类并不是绝对的，而且这些因素在统计分析和模型验证后，还要不断进行调整。一个胜任力特征被分在哪一类取决于该胜任特征在行为素材中体现为哪种意图。例如，校长在行为事件访谈中体现出强烈的意图去发展与晋升教学主任，可能反映了校长的"影响力"特征（我要对他有所影响），或反映了校长的"成就导向"特征（他如果做得好，对我们学校教学质量的提升有很大的积极作用），或反映了校长的"关系建立"特征（如果我将他训练和晋升，他就会喜欢我并认为我是一个好领导），或是这些意图的组合。

在胜任力研究成果的运用过程中，在对访谈文本进行编码时对照使用胜任力词典，是建立岗位胜任力模型的蓝本和基础。胜任力词典除了对胜任特征的定义，还有对每个特征不同层次的描述，这些描述都遵循着一定的心理学方法编定，每个层次的解释都有着深度或广度上的差别，在统计分析时要保证其科学性、有效性。采用行为事件访谈法和口语主题分析编码是两项核心技术，目前已建立起大量不同的各种胜任特征编码系统。同时，在对同一领域胜任力的研究实践中，词典也在不断完善和发展。"中小学校长胜任力词典"中出现的胜任力特征是一组可测量的行为标准，这些标准是学校对校长在成就特征、影响特征、管理特征、认知特征和个人效能五个方面的具体行为要求。

第五章 成就特征

一、成就导向

成就导向表明校长始终渴望有所建树，努力提高绩效，为自己及其所在学校设立挑战性目标、追求事业的发展和成功，希望出色地实现目标的动机与愿望。这既可以看作是校长追求卓越的实际行动，也可以看作是其目标定向和竞争意识，以及其为达成目标坚持不懈、不断探索创新的精神。这是一位校长不断克服困难、获得事业成功的主要内部动力。

> **观点 1** >>
>
> 校长具有想做好工作的愿望。根据外在的要求，试图对目前的学校管理工作方式进行改进，以提高工作绩效。在实际工作中尽力把工作做到最好，合理地制订工作计划，并努力认真地完成。

叙事 5-1

我 2001 年到这所学校，当时我做得最好的事情之一就是克服了很多困难，把一个非常破旧的、不适合开展学校活动的操场变成了现在的塑胶跑道的操场。我们原来的操场是在 20 世纪 80 年代初期用焦渣、混合土轧制成的，下雨时雨水一冲刷，灰面被冲走，焦渣就露了出来，特别艰苦，学生在上面跑步、玩，特别是夏天，一摔倒就会受伤，当时有很多家长强烈反应，所以我就下决心来改造这个操场。我把这项工作列为学校班子成员集体工作的一个方向，召开会议讨论，多方呼吁，通过代表提案极力争取政府和教委领导的支持，作为重点工程来解决。……我到各个单位去"化缘"，先给他们发了一封信，说明学校操场的实际情况，凑了一些钱，学校出了一些钱，教委也出了一些钱，最后把钱凑够了，直到现在操场上还立有一个"功德碑"。

观点 2 >>

在没有任何压力的情况下，为自己和学校制定具有挑战性的目标，经过仔细分析研究后，能够大胆地提出新的想法去认真地贯彻执行，并采取具体行动以实现目标，坚持努力创新的精神。

叙事 5-2

我做事情就是这样，不管什么事情一定要努力去做好，所以我才提出"我能行"的教育理念——我肯定能做好，没有什么是做不好的，就算最后做不好我也努力了。我对老师们也是这样要求的，不做则罢，要做就一定要做好，你的信念一定要坚定，当然你努力了最后因为一些客观条件没做好也没关系，我们左右不了。以前我们学校不太注重科技，曾经有一次区里在科技月开表彰会，我没去参加，后来遇到区教育局局长，他说我不重视科技，别的学校比我们学校奖项多。我第二年就订了一个方针，全线突击。我给老师们开了会，把方针贯彻下去，有多少项目就参加多少项目，结果那年区里竞赛我们的总分最高，当然那年区里没公布总分。从那年开始到现在我们学校一直是北京市科技示范校，今年是第一名，总分高于第二名一千多分。我就是这样，很典型，要么不做，要么就做好，我们的老师也是这样的。只要对孩子有益的事情，就要努力把它做好，信念一定要坚定。区长来我们学校视察听我汇报后说：你们学校是逢标必夺，在全北京市你们是不是都是先进？我说不是，也没有必要，如果对学生的发展意义不大的我也不去做，但是认准的、觉得好的事情就努力去做。我们学校还有一些理念，如今天不行争取明天行，不是什么事情一定非要今天做好；你在那点行我在这点行。此外，能认识到自己不行也很重要，这是一种心理健康的表现，一个人能承认自己不行就是我能行，因为他承认自己不行后就会想办法去克服、弥补，那就是行了。

观点3 >>

遇事不是直接套用原有的方法，而是敢于尝试新方法和新思路。为自己及学校制订衡量进步的具体工作标准（譬如自己要把学校工作做到什么程度或者像某个示范学校那样），并努力达到预期目标。

叙事5-3

我们学校申报了教学管理先进校，但是由于各种原因没有申报下来，我就给自己定了一个目标，也跟学校的领导班子商量，订立了学校的三年工作计划和目标，有长期的也有短期的。工作必须要有思路，有思路才有出路。第一步，经过一年的努力，要争取把上次没有申报成功的教学管理先进校申报成功。我们采取了诸多措施：通过"走出去，请进来"、领导班子听课、指导作业等方式，还请了很多专家来学校进行指导。校长和两个主任全面听课，通过领导班子抓教研组长、年级组长，使老师的讲课水平上一个台阶，上一个层次。原来的老校长打下了很好的基础，学校在20世纪90年代初也曾经辉煌过，但是在老校长退休之前由于各方面因素的影响，教学管理先进校没有批下来。我来之后制定了一个目标，层层递进，第一年是提高、学习的阶段，第二年争取把教学管理先进校申报下来,第三年争取拿下区素质教育的示范校。我们学校有深厚的底蕴,重要的是要凝聚人心,找到共同的目标,大家付出努力,想方设法去实现目标。经过共同努力,苦干3年之后我们学校得到了教学管理先进校、素质教育示范校、朝阳区政府"三八"红旗单位等荣誉称号。

二、学校规划

学校规划是指校长对学校中长期发展进行系统设计的能力。能够设计学校发展战略,能够把学校整体的计划目标与日常工作中的具体事务联系起来。能够考虑到长远发展的需求,并且体现在具体的工作安排中。校长的战略策划能力决定一个学校的发展方向与前途。

> **观点1** >>
>
> 进行基本的调研,能够对学校某一方面或者某几个方面的发展进行较为科学的规划。运用战略分析的思维方法,对学校近期发展目标进行整体设计,并能拟定具体的实施措施。

叙事 5-4

根据学校当时的情况,我总结为三个乱:环境乱、思想乱、管理乱。这三个乱不解决,学校就无法发展。于是,我当时构思了三步走:

第一步是治乱。所以学校第一个三年规划的任务非常简单,就是治"三乱"。不到一年,学校的面貌就改观了。管理上,各种规章制度得以完善,学校发展有章可循。实际上三年规划,我们提前一年就完成了。

第二步是打基础。这也是一个三年规划,主要是从思想上、物质上、组织上打基础。事实上,第二个三年规划是确立学校全面发展的关键期。

第三步是求发展。针对学校实际,当时我们提出了五年规划的几个工程:"头脑工程",转变教育观念;针对队伍建设,提出"163"工程。"163"工程主要是对教师队伍建设提出的一个比例要求,即学科带头人、骨干教师与新教师的比例是1∶6∶3;"教改工程",着力于学校的整体改革与发展。

当时所有的工程都有一些具体的措施。这个五年规划分三个阶段,3年初见成效,两年完成目标任务。

观点2

在分析社会发展趋势的基础上,能够运用规划技术根据学校发展特点和条件,系统设计学校中长期发展目标与战略,并系统设计落实措施。能够根据社会与教育发展进行学校战略层面的设计,包括学校文化建设、特色设计、品牌培育等,并能够将策划设计转化为学校实践措施。

叙事5-5

我到任以后主要抓三件事:

第一是校园文化建设。我觉得这点很重要。当时有人说一流的学校靠文化,二流的学校靠管理,三流的学校靠校长,即是说光靠校长办的只能是三流学校。文化当然包含方方面面,现在校园文化的定义很多,我觉得最重要的是提高学生品位、教师品位。

第二是教科研。学校的教科研是有传统的,不是说抓了教科研,教学质量就能够很明显地提高,但我还是觉得提高教师科研水平很重要。目前,我校承担了1个国家科研独立课题,1个北京市教育课题,3个区级课题。

第三是教学改革。提高教学质量,将教学改革落到实处。取得成绩不是那么容易的。学校转制以后,基础相对薄弱,抓教科研改革力度小了不成。我要求每个干部每周听5节课，听完以后，学校下周一开会要讨论此事，干部要说自己听了哪节课，怎么跟老师沟通的。而且我们学校专门研制了一个学校课堂教育评测系统，这个系统是我们根据自己的情况做的，不一定科学，还要不断实践、完善，但是要想推动一件事必须这么做。

叙事5-6

在我看来，学校的建设必须有整体规划与引导。这个整体规划必须从用人上规划，而且在年轻干部的培养上，也要有规划。此外，学校的文化建设、校园建设也都要有规划。举一个最简单的例子，现在学校开设了一些校园课程。如果开设的校园课程没有特色，坦率地说实效不大，因为不能真正落实到学校的管理之中。所以作为学校的管理者，校长一定要把上级的精神摸透，这是第一。第二，一定要结合学校的实际，校长需要考虑的一个最大的问题是如何满足学生和家长的需求，以及社会的需求，这就要从大的教育观上来考虑。如果能够从大的教育观上来考虑，就站在了在人的发展规划上，在学校建设和学校文化建设方面，思路就会比较清晰。

三、挑战性

挑战性是指勇于承担通过努力可以达到的工作任务，表现为不怕困难，愿意付出比别人更多的努力。敢于设定挑战性的目标才能使学校有更大的发展。

观点1 »

校长在实际工作中面临发展的困境，需要寻找新的突破点，另辟蹊径，获得意想不到的成果。

叙事 5-7

这些年我们学校得到了社会的认可,关键在于抓学校特色,一个是科研,另一个是艺术教育。这些特色被社会认可,同时教委领导也比较赞赏。我们学校的艺术教育的特色主要是美术教育。

最初,做这件事阻力非常大,大家不认可。为什么呢?因为学美术的学生有时候是要耽误正常的文化课的,比如年初的几个月各个大学开始招生考试,一考就是一个月,学生上不了文化课。这时班主任、各科老师,甚至年级组长都有意见,怕学生文化课成绩上不去,有些干部对这事也不理解。我就说,即使平均分再涨 5 分,有些学生也考不上大学,而艺术类的录取分数低,况且现在艺术人才很缺,如广告公司、网络、动画等,学生毕业后前景会很好。这就是人才观的问题,我就跟他们解释,我们的学生不可能都考上大学,人人有才,人无全才,谁都是人才,他念书不行,但是绘画能力很强,他就完全可以考上大学。老师们一想,确实是这样。所以我觉得开设这个课程,还是抓得比较准的。

做一件事,不是说校长有权就能做好,而是要让大家感觉确实是这么一回事,事实比说什么都管用。第一年我们就考上了 10 个本科。这时家长认可了,老师认可了,教委领导也很重视了,支持我们做这件事。

观点 2 >>

校长勇于承担挑战性任务,在风险中努力前进、创新提高,愿意付出比别人更多的努力达到创造性目标。

叙事 5-8

这是几年前发生的事。一个 10 岁的女孩因为意外摔伤,父亲不忍女儿瘫痪,就辞去公职,变卖房产,父女俩靠着五六万元钱相依为命，骑车远行，每天骑7个小时，朝行夜宿。两年过去了，行程53000公里，跨越26省，女儿的病奇迹般消失了。但孩子离校时间过长，学校拒绝接收入学，父亲也无法恢复工作。中央电视台的几个导演希望我们能帮忙解决这个问题。同事和我老婆都劝我要谨慎，因为父女俩是国家级新闻人物，媒体会非常关注，而且与他们当地政府的关系也不好处理。我一下被问住了。认真思考了一下，决定悄悄地做好这件事情。我的助手问我是否能做到。我说："只要我想得到，就做得到。"

父女俩到上海后，我们给父亲安排了工作，解决了他们的基本生活问题，把孩子插入了初一。我当时是出于慈善来做这件事情的。但是，如果孩子适应我们的教育还好，如果不适应，是否会对孩子造成不良影响呢？我想这不仅是慈善，更是挑战，我们在做一件从来没有做过的事情，我们要创造适合这个孩子发展的教育，而不是让这个孩子来适应我们成功的教育管理模式。意识到这一点，我专门约见了初一年级组长、任课老师及教导主任。两个半月以后，测评开始，初一（3）班的老师给这个孩子量身订制了6张个性化试卷。在6门学科两个月的学习中，你原来的起点在哪里，我们教了你什么，我们考你什么，都包含其中。第一次，6门功课测试，她平均分数是84分，从小学四年级的基础，到初一大考，她基本上都通过了。初二结束的时候，除了数学和英语还在量身定制个别化的试卷外，其余的学科都已经进入正常学生试卷的管理范围。到初三的时候，这个孩子以最低一门功课，英语80分，顺利地通过了中考，现在在上海读高中。这件事给我的深刻体会是，当我意识到做慈善也会有危险的时候，我选择了创造适合学生的教育，而不是使学生适合我们的教育，面对差异，我可以创造让每一个学生都得到发展的教育。

四、主动性

校长不满足于已经取得的成就，积极发现和创造新的机会。提前预计事情可能出现的困难障碍，并有计划地采取行动避免问题的发生，提高工作绩效。主动性是人在困难面前能够勇往直前的内部动力。同时校长能以身作则增强教职工的积极性，有助于更好更快地完成学校发展目标，保持学校特色的领先优势。

> **观点 1** >>
>
> 校长对形势的认识具有预见性，在为形势所迫之前就主动采取行动。在没有被要求的情况下，就积极寻找解决问题的方法。能够及时地对眼前的问题做出反应。能够意识到机遇的存在，主动地做好准备。

叙事5-9

我做常务副校长的时候曾经提出来要提高学生的英语水平，因为当时我不做一把手，所以只是提建议，老校长也觉得这个建议挺好，但是做起来有各种各样的困难，最后就没做。我做校长之后首先做了大规模的学生家长问卷。我们学校当时应该说还是一所不错的学校，家长对学校的认可度很高，但是几乎在所有的问卷中，家长都提出要加强学生的英语学习。这就给我们提出了一个刻不容缓的难题，怎么去解决呢？当时我刚做校长，就提出要积极地引进外教，因为在我的心目中英语学习要学习纯正的发音。后来，我们学校引进了外教，学校、学生及家长对教学效果都比较满意。

观点 2 >>>

有长远规划,对工作执着,不需任何正式的授权行为,努力引领团队成员开创新的局面。校长能够预见学校的战略目标,为学校在未来进行定位;引进未来学校发展中的人才,树立起高瞻远瞩的学校文化。

叙事 5-10

教育的目的是实现个体的社会化,这既是教育的出发点,也是教育的归宿。今天的教育要为十年后的社会经济发展服务,今天的经济跟十年前的教育准备是有关的,因为经济增长的特点是产业调整的过程。因此,我们需要提高学生对信息技术的应用能力。1999 年时,我们学校有 2300 名学生,2700 台电脑,人手一台,并通过国际互联网进行教学。下午四点钟的课,英国人可以在英国教室里上课,我们的学生可以在这里上课,他们的下午四点是我们的早上八点,我们的下午四点是他们早上八点,都可以同步。经过多年的教育实践,我们把大学一本的升学率拉高了 15 个百分点。这一点全国现在也不多,我们至少提前了 15 年。当时,美国费城市市长来学校参观交流,看了大吃一惊。他说,信息技术美国领先于中国,信息时代的教育贵校走在美国的前面。

第六章 影响特征

一、影响力

校长影响力是作为领导者的重要素质,通常表明校长能够在组织或群体中树立个人权威,表明校长对他人的影响程度。具体表现为:说服、感动别人,改变别人的倾向和行动,使别人认同或支持自己的想法或计划,促使别人采取自己所期望的行动等。

> **观点 1** >>
>
> 校长通过努力,设定了规范的管理系统,利用专家和组织认定,建立组织和个人的影响范围。

叙事 6-1

在我初任校长的全体教职工代表大会上,我发言时很激动,我提出要争取用三年的时间建一所优质的学校。当时的环境不像现在,学校三面是农田,一面是大道,到大道还要在农田的田埂里走20分钟。预计八点半结束的教职工代表大会,直到十点半还没有散会的意思。老师们提出一点,不怕有困难,就怕没希望。我三年振兴学校的口号,喊出了他们憋了多年的心里话,我发现了教师们心灵深处的真、善、美。我现在很低调,但我年轻的时候一点也不低调，那些荣誉光环都曾经使我激动过。1995年以后，我谢绝了所有的荣誉，让给这个队伍里做得更好的同志。2003年，我辞职了，以让出空间给更多的人。在中国那么多省重点中学校长中，我是第一个辞职的人。不是我做不下去了，教职工代表大会，我以全票当选校长。组织部长找我谈话，让我再连任两届，因为学校集团规模太大了，为了稳定，希望我连任到2009年。最后的条件是，不当校长可以，要培训校长。我辞职了，很高兴。老校长讲接班人好，新校长讲老校长好。我们的传承都是ISO9001锁定，我们每一步改革都通过锁定，谁也变不了。

观点2 >>>

根据新教师的实际情况来实施有针对性的影响，主动地表达自己的意图，如通过听课、评课来帮助新教师提高教学水平。

叙事6-2

有一位年轻的老师平时比较虚心，在教小学五年级的语文。有一次听完他的课后与她进行了交流，谈到五年级是小学生毕业前的一个年级，很重要。语文作为小学阶段的一门主科，要让学生成为一个合格的毕业生，最后我向她表达了两层含义：一是加强自身的修养；二是任何一篇课文，老师都要带着一种情感去跟学生交流。后来我又连续听了她一段时间的课，她有点茅塞顿开。通过这几次上课、评课，我觉得对她的启发还是非常大的。但是我们并不是要通过评课给老师打分，或者用条条框框评价老师。而是要通过评课指出不足，目的是为了让老师在以后的工作中不断提高。尤其是现在的语文教学，经过这么多年的教改，作为一个老教师都感觉到课不好上、课不好教了，何况新教师呢？怎么站在一个全新的角度重新认识语文教学？课标提出了新的要求，教改提出了新的内容。我觉得作为一个学校的校长，在这些方面跟老师的沟通交流是非常必要的。没有这样的交流，实际上你就起不到一个校长的最主要的作用。

观点 3 >>

校长在学校发展过程中，要提出一个非常明确的办学理念，最重要的就是要考虑怎样把这种理念内化为教师的教育教学行为。不仅要做到内化，而且还要让教师自己能够创造性地去实施和执行。

叙事 6-3

你说的这个问题是最核心的。因为作为一个校长，你不可能告诉她每个孩子怎么教，这节课怎么上，你只能把理念告诉她。当她能够理解你，而且能够自己思考，很好地贯彻你的理念，并加入自己的创造时，才能说明她做到位了，她能做得比你讲得还好，在这种情况下这所学校也就管理好了，这是一个核心问题。怎样才能做到这一点呢？这绝对不是一朝一夕的事情，也不是我作为校长给老师们讲讲、上上课就可以了，尽管这些也都很需要，这些事情我也都在做，需要做的必须做到，讲解、宣传，每周请专家来讲，从各种角度来给老师们讲这些理念。我们学校采取了很多措施，除了重要的宣传之外还有感染熏陶，例如举办教育论坛。教育论坛每周一次，老师们会在论坛里谈他们教育中的案例，我会去评述这个案例，给老师们提供判断一件事情的多种思路。此外，还有新教师座谈会，在每个学年的 11 月份我们都会召开新教师座谈会，座谈会的一个核心内容就是让这些在学校待了两个月的老师谈谈他们对和谐校园理念的理解。

学校在教育、科研、理念等方面采取的措施，必须符合和谐教育的理念，和谐教育统领着学校的整体发展理念。首先，要在学校创造研讨的气氛。我们学校刚刚召开了第二十八届研讨会，全区的教科研干部都来我们学校开会，市科协、市教科所、市教育协会的都来参加学校"提高课堂实效性的途径研究"的课题，会议开得比较成功。这是很好的对教师进行教育的方式。这个研讨会本来是学校内部的会议，后来区里其他学校的老师和一些领导觉得非常好，也来参加，开现场会。所以，要进行论坛式的交流。其次，要进行课题研究。我们争取到了"十一五"课题的市级课题。这是很难得的。我们学校有3个市级课题，和谐教育是其中的一个，另外两个分别是有关奥运的课题和数学课题。此外，还有两个区级课题及其他的一些课题。通过课题来引领老师。最后，要提升大家的理念，我们在学校营造了一种学习型的氛围，每周提供一个学习录像，在网上进行学习心得的互动式交流。我们还要求每个老师在两年内必须离开北京到外地去学习，学校为老师们创造这样的机会并提供费用。

观点 4 >>

校长的影响力除了体现为校长的教育思想与教育理念的浸润外，还会在具体的教育教学环节中体现出来。特别是在促进教师的专业化发展中更能体现出校长的影响力。

叙事 6-4

校长必须不断地提高自己的教学专业化水平，不断在研究中取得进步。校长工作中，我始终没有脱离一线，亲自带着老师们搞科研课题。每学期听课不低于60节，而且每节课都认真地评课，写出评课方案，认真地与老师们交流。我不仅指出老师在教学中存在的问题，同时给他们提出建设性的意见。这样才可能给老师提供专业上正确的指导。

比如前些日子，有个刚毕业的音乐老师在上课时教了一支新疆歌：《娃哈哈》。整节课，按课堂结构，有技能的培训，再学唱歌，学会之后，对舞蹈动作和歌进行整合创造，上得非常好。但是这节课有一个非常严重的问题——老师的站位，老师在教舞蹈动作的时候，始终是在一个站位上的。始终在一个站位，特别是在教舞蹈动作的时候，站在后排的学生看不清，就会很着急。我很清楚，因为我也坐在后面。老师上课的时候，站位应该是流动的，这样，你的技术指导全体学生才能看到。因为你的技能传授是面向全体的，而不是面向一个孩子，面向你视角之内的孩子的。这是一个很严重的问题。我就给她画出图来，指出教第一个舞蹈动作的时候应该站在这，教第二个舞蹈动作的时候应该站在那，应该换位。这是一个宽阔的阶梯教室，前面有一个大块空地，有足够的空间，你不可以就站在前边，你应该换位。结果，她再上课的时候，用我的这个方法就特别成功，觉得弥补了这节课的缺陷。

所以，不管校长听什么课，都要认真地去听，而且要把新的教学改革的理念转化为教师的行为。其实不管听什么课，校长必须在学科范围内去分析这个学科。这样指导老师的教学，才能提出建设性的意见，我们的教学研究也才能够走向深处。有时候老师在教学的时候教学软件做得不好，我都要和他们一起认真地重做，因为我要通过观察对他们提供的音乐、图像或者视频片断更好地去开展教学评估，使他们的课上得更好。甚至是板书怎么设计，我都会亲自告诉他们。作为校长，所有的学科都应该去涉猎，而且要专业。这样，校长的指导才是真正的有价值的指导，也是老师们最渴望的，是真正的提升教研化的指导、到位的指导。只有这样，校长在教师心目中，才有一定的分量。

二、有效沟通

沟通能力具体可解释为聆听和准确地理解他人所传达的信息,并做出恰当反馈的能力以及通过言语、表情、肢体动作等方式流畅地表达自己的意见和看法的能力。校长需要和方方面面的人进行沟通处理问题,良好的人际沟通能力可以提高学校工作的有效性,有利于校长工作的顺利开展及校长为学校带来的价值的提升。

观点1 >>

对不同对象和情境所要求的沟通方式有系统和深入的认识,进行策略性回应,并运用自如和随意调整。能够使学校内部形成一种互动沟通的气氛,这种沟通不仅限于工作方面,还应扩展到学校师生日常生活的很多方面。

叙事6-5

学校的生活非常丰富,我们经常组织一些互动活动,师生之间的关系融洽,学生有很大的自主权,他们可以在行政会上提很多建议,对于他们提出的建议,我们会认真面对,及时回复,他们也觉得很开心。在育人理念和人才观上我们持的是这样一个观点——有教无类。不管是什么类型的学生我们都平等对待,例如,很多领导都觉得应该区别对待"条子"生、交费的学生,我知道很多学校也是这么做的。我们学校却不是这样的,只要进了我们的校门都应被平等对待。实行这一条也不是那么容易的,当时很多领导不同意,觉得这样就没有办法工作了。当时我们一直去找这些领导说明情况,让他们理解。我说我们学校一直都是这样的,我们不会告诉老师哪个学生是交费的、哪个学生是"条子"生,分班都是抓阄。领导问我如果有些很重要的"条子"生怎么处理,我说都一样。后来领导无奈之下就让我写了个报告。我写完之后又说不能批，只能作为一个证据，证明你要这样做，你要负责任，我说可以。

后来我召开了全体家长会，专门讲有教无类，讲我们学校的理念，从早上八点半讲到中午十二点，我举了很多例子。比如我们学校有一个学生家里特别有钱，而且家长也告诉了学生家里的状况，这个孩子在学校里是最差的，不只是成绩差，还不听话，有各种各样的毛病，整天梗着个脖子，到五年级之后不知道为什么脖子扭不回来了，老梗着。我便跟家长说你们这样真是害了孩子。这样的例子有很多。讲完之后我让家长表态，我说如果你们觉得我这样做不合适可以提，也可以到别的学校去。结果我讲完之后全场热烈鼓掌，没有人不同意这样做，而实践也证明了这样做很正确。后来教育局有关领导也同意了，对我的做法表示认可。要坚持自己的理念不是一件容易的事情，实践证明这样做是对的。我觉得对孩子不能过多地呵护，这对他的成长是不利的。这是我的人才观，说起来很简单，但实施过程其实挺难的。

每年家长会我都会讲一些理念，我认为现在的教育不是学校单方面的责任，而是学校、家庭和社会的共同责任。现在家长的参与意识特别强，学校的教育需要家长密切配合。我在家长会上提到很重要的一点，就是家长的理念必须和学校的理念一致，如果你不赞同我的理念就不要把孩子送到我的学校来。比如，我们小学很重视学生的全面发展，不是很重视分数，前段时间有很多学校搞奥数，很多家长都为孩子能上奥数班而自豪，我们不提倡，你愿意学、擅长学也可以学，但我们并不提倡人人都去学，因为奥数本身有它自己的规律，并不一定适合所有人。每个人都有每个人所擅长的，每个人都得学奥数，这样不仅不能发挥每个孩子的特长，还会浪费很多人的时间和精力，对幼小孩子的成长也不利。我经常把学奥数比作学杂技，学杂技很好，对孩子的身体也很好，不是什么坏事，但如果人人都学杂技就没必要了，有的孩子可能不喜欢，也不擅长。

当时就有很多家长质问学校，说学校的奥数成绩不如某某学校，我们压力很大。我就跟家长说你必须认可学校的理念，我们不是不许你学，但不是每个人都得学，学校有自己的理念，如果你赞成我们的理念就把孩子送来，如果你不赞成就不要把孩子送来了。我讲完之后家长也表示理解，到目前还没有出现家长后悔把孩子送到学校来的情况，只有转进来的没有转出去的，都觉得我们学校非常好。我们学校的孩子有几个特点，一是心态比较好，二是知识面比较广，学得比较活，三是比较大气，现在社会上很多大型活动都找我们学校的孩子，如洲际论坛，到机场接待外宾的都是我们学校的学生。

观点2 >>

校长借助政策，借船出海，还要协调好各种人际关系，组织协调、人际沟通。利用各种资源，包括一些人力资源、人际关系等使学校顺利发展。

叙事6-6

我们学校是学前教育、小学教育和校外教育三位一体的特殊学校。以幼儿园为例，我们的幼儿园是20世纪70年代成立的，当时是为了解决教工孩子的入托问题。那时这个地区没有幼儿园，是在一个小学的基础上改建的，条件特别差，设备特别破旧。我来之后发现幼儿园里的180多个孩子就挤在一个小的四合院里，房子很破。2004年，我从报纸上了解到北京市要加大对学前教育的投入，特别是农村中心园的建设，当时我们的幼儿园不是农村地区的，是我们下属的一个教工幼儿园，我就考虑怎么利用这个政策信息来促进学校的整体发展。我做了一个调查，到派出所、户籍科等地方去了解幼儿园学生的情况，本地的孩子有多少，外地打工的需要接受学前教育的孩子有多少。并写了一个调研报告给区教委。

在幼儿园的建设过程中遇到很多市政问题，如下水、供电和老百姓的协调等。这些问题在这个地区也是很难协调的，虽然这些问题都由政府去解决，但这些部门都需要我去打交道，只要与这些部门进行良好的沟通，协调好各方面关系，政府就可以出面帮我处理这些事情。

从整个事情的发展来看，困难很多，但最后总算逐个解决了，作为一个女校长，在这个过程中我觉得有时候真是不容易。

后来我总结得出，要让领导看到你在做工作，投入了钱你得确实能办点实事，因为领导在考虑资源匹配的时候首先会考虑那些有思路、能做事、能把事情做好的人。同时，作为校长，一定要努力构建一种和谐的人际关系，包括校内的和校外的，对于上级要取得领导的支持和认可，对于下属要取得他们的信任，还要取得社会的支持和认可。另外还要关注家长的需求和期望值，办学校最看重的就是家长的评价。在学校的发展过程中有时候借船出海是很重要的，这个船可以是有形的也可以是无形的。

观点3 >>>

校长根据实际需要，主动与他人沟通，能够有效表达自己的意见，并回应他人。

叙事6-7

物理实验室的活动一般是提前安排的，管理员需要在相应的时间开门做好准备。有次实验课没准时开门，我听到乱哄哄的声音就过来了。敲了两次门管理员才出来。当时我情绪有点激动，我说学生这么乱你都没有听见？你不知道学校搞活动？后面这句话真让我说对了，他还真不知道有活动。这是中层干部在安排工作时的失误，未能及时通知到他。后来他过来找我，说对我的做法有意见。"我这么大岁数的人了，你当着那么多学生的面批评我，我想不通。"后来我才知道这件事情与过去的职位调动有关，过去的事情在他心里有疙瘩。第二天，我去实验室专门和他进行了长谈。

我首先跟他讲了为什么让他离开原来的主任岗位，再告诉他他离开以后的现状，让他往宽处想这件事情：你离开工作岗位之后，比你做主任的时候感觉怎么样？是不是感觉轻松了许多？你的工资收入没有减多少，但是有更多时间做你想做的事情；你在中午没有必要像做主任一样随叫随到，老师学生会随时找你，你随时会有做不完的事情；你下午一下班，就可以打球去了。原来做主任的时候，你肯定做不到，而且周末也不用加班了。我接着说："如果对我个人有什么意见，我还是非常欢迎你直接跟我提。"由于这件事处理得比较妥善，后续也就没有什么事情发生了。

观点 4 >>>

校长能够通过比喻清晰表达自己的观点，并使用身体语言作辅助，语言感染力强，能够有效地传递信息，影响他人。

叙事 6-8

现在社会发展得越来越好，但人们怨天尤人的情况越来越多，哪点不顺心，全埋怨学校。我们有一个国际课程班的家长闹事，不满意。我跟负责这块工作的副校长说，千万别就事论事，就事论事满足不了他们。我有一个观点很明确，校长办学，不是家长办学，这点关系必须弄清。开会时，我找到那些家长，说："家长们，我今天什么都不讲，我就说一个观点，你们这些家长们都四十多岁了，我今年60。我以一个兄长的身份跟你们谈点过来人的经验，到底如何教育孩子……"后来有个家长要单独跟我对话，我就跟他讲："我非常欢迎你给学校提意见，但有一点，不要对学校干预太多。你干涉太多我就没办法走道。"我当时给那个家长做了一个动作,我说:"我迈左脚,你评论我肯定偏左,我迈右脚,你又说我偏右。你能不能耐住性子,等我走了10米、20米后再下结论。如果我走出20米,你看到的道基本是直的,你就可以信任我了。我迈左脚你说左,我迈右脚你说右,我还走不走了?"我这么一说,他们也乐了。

三、人际理解

能够理解别人的意愿,关注他人情绪和感受,能够捕捉和理解别人没有直接表露或只是部分表达出来的想法和情绪,并且能够对人们的差异进行文化层次上的理解。具有人际理解能力的人通常都具有很强的亲和力。对他人理解的深度和广度是校长做好管理工作的基础。

> **观点 1** >>
> 尊重和理解是教育的前提,任何人都是这样。能够对人性有深刻的理解,并能分析行为背后的原因,对一些问题积极真诚地给予帮助。

叙事 6-9

比如,有一些老师的想法是为学生好,可结果一着急就把学生打了。这是好几年以前的事了,家长也没问责,过了一段时间我才知道,就问了问具体情况,对那个老师进行了批评教育,给他讲道理,让他明白事情的严重性。这次谈话后,这个老师进行了深刻的反思,明白了为什么不能对学生进行体罚,相反,老师有一种责任就是确保学生的安全。

我在不同学校当校长时对老师都非常尊重,尊重他们的人格。我很少批评他们,与老师谈话的形式是平等的,从来不在大的场合当着学生的面去说老师,有问题都是把他叫到办公室,然后跟他聊,他就自然认识到了问题,以后会注意一下。我每次跟老师讲话的时候,都要做精心的准备:我这次讲话要解决什么问题,我说的时候要把问题给说透了。但是在说透之前我要表扬一部分人,因为他们在这一点上做得非常不错,表扬完了我就进行分析,把事给分析透了。其实人的本性是一样的,都喜欢听表扬,喜欢听夸奖,谁也不愿意听批评。这就是方式变换的问题。变换方式,站在他的角度去思考,是他最容易接受的,而且他改进的幅度也是最大的。

观点2 >>>

校长能够准确理解他人的心理状态,并做出积极回应,在充分尊重他人的情况下,满足对方的心理需要。

叙事6-10

我当时来学校当校长的时候比较年轻,而书记已经52岁了。书记在这所学校工作时间长,有群众基础,我想如果不依靠书记,我的工作根本没法做。于是,老书记在的时候,所有学校的大事我都先跟他说。否则,如果我做了一件事,老师们都知道了,一问书记,书记不知道,这样书记会有想法,而且,可能就会有人利用这个激起矛盾。所以我就特别注意,任何事我都跟书记商量,重要的事都带着书记一起去办。

我带书记去有两个好处:第一,回来后,书记会跟党员、老师们说,我跟校长怎么辛苦,我们怎么去跑这件事,比我自己说效果要好。第二,因为他年龄比较大,资格老,我不好意思跟人家说的话,他好说些,而且还能给我说好话,我觉得特别好。我们俩配合了3年,他给了我特别大的帮助。后来别人开玩笑说,咱们书记是多年的媳妇熬成婆了。

观点3 >>

校长观察细心，处处留意，能够从人之常情出发处理日常人际问题，准确抓住他人未明确表达的意思，并做出合适的回应。

叙事6-11

有一次，我带全校老师去旅游。途中，司机动员我们买蜂蜜。开始我说不买，后来想了想，走山路时司机要是不高兴就会有些麻烦。我说，"那买吧"。结果由于我们学校的老师太能砍价，卖方的利润太低，卖方说，"一般情况下，我们都送些给司机、导游，今天真不能送，没有了"。结果那司机就有点不高兴。导游上来说，"每次都送我们，你们够能砍价的"。我说："快点快点，给司机和导游两人一人买一瓶。"虽然多花了十几块钱，但是司机说："我们没见过这样的领导，这么好。"我买冰棍儿，老师们吃时，司机和导游必须得吃，他们就特别感动。所以，我们必须理解别人，多揣摩他人在想什么。这样，校长说出来的话，别人才可能觉得亲近，只用职权压人，很多时候就会麻烦。

观点4 >>

能够从他人角度理解他人的态度、行为，能够做出积极的回应，或是以助人的态度来表达对他人的关心。

叙事6-12

一般来说，每年个别比较好的应届毕业生进来，我们不让他马上进行教学，会有人带他。但是这些老师未必过去就表现得比较好。比如，我们有的老师在原来的工作单位表现得并不怎么样，有人就说这样的人你们还要。其实每个人都有潜力，不能把这个人看死。要用发展的眼光去看他，有的人换了环境，给予他信任，他自己就会不一样，其实这也是人心换人心，让他从内心有这种感受。我们学校要求比较高，刚开始工作觉得不适应，可能会说错一两句话，我们不指责，因为他自己会自责。我们要用比较宽松的方法对待他，让他慢慢地在团体的影响下融入到集体中去，他的状态也会优化。

有的新教师有个性，有某方面的特长，学科方面也比较突出。比如，我们有一个年轻老师，来到一个新的班级，班级里有男孩特别调皮，老师对他们没有办法。上课时，一个孩子拿出来东西玩，老师就没收，以便让孩子专心听课，回家后孩子就告诉了家长。家长有留学经历，在国外教学环境很宽松，孩子的这种动作不算什么，于是家长就打电话过来指责。我跟家长说，电话里面说不清楚，我可不可以直接跟你们交流一下，家长说好，可以在合适的时间来学校。来了之后，家长谈了一些情况。我就跟他们说，孩子到学校来，要从两个角度来看：第一，看孩子是不是能适应不同老师的教学。这个老师年纪轻，我也觉得没收孩子玩具的做法不是很好，如果我知道了，我肯定会帮助他改正他的处理方式。但是你们在电话中对老师不客气，我问过其他老师和其他孩子对这个老师的看法，她们都很喜欢这个老师。这是从孩子的角度、家长的角度分析如何让孩子更好地发展。第二，再说老师，包括我自己，我们不可能说的话做的事都是十全十美的，但是要看老师的出发点，以及他愿不愿意去改进自己的教学。这个老师还是很尽职尽责的，而且对你们的孩子还是个别指导。你们的孩子不做作业，老师下课后帮助他补作业，做了很多事情，可你们都没看到。说完后家长特别感激这个老师，也理解了老师。我对家长说，现在你们给这个老师一次机会，让他改进和调整自己。我后来打电话问家长，他们也很满意。所以允许老师说错话、做错事以后改正，这不就进步了嘛。

第七章 管理特征

一、人才培养

校长主动给教职工提供发展的机会或采取行动以帮助学校教职工发展,校长的这种品质是做好工作或事业成功所需要的必要素质,是保证学校良性发展的基础。人才培养包括识人、用人、培养人。

> **观点 1** »
>
> 校长能够根据组织发展和实际工作需要,对不同类型的个人灵活使用,力排众议,主动采取行动,提拔真正有能力做好工作的教职工,使其发挥所长。

叙事 7-1

我在办国际部的时候,用了一个人,当时这个人已经是副校长了,是做人事管理出身的,没有任何学术追求。当时要用他,全校反映非常强烈。说他不懂教学,也没有做过教师,怎么叫他来管国际部?但是 5 年时间过去了,老师们觉得我用这个人是对的。

为什么呢?因为当时是国际部初创阶段,需要两样东西:

第一,处理各种各样关系的能力,这非常重要。他能够处理各种各样的人事关系和复杂的社会关系,保证比较好的外部环境。

第二，真正去贯彻我的想法。他没有以前的本部教育经验，没有包袱，本部怎么做，他不知道，即使知道，体会也不深刻，而国际部怎么做，他就很容易接受了。他处理人际关系的本事大得不得了，学生和家长都对他服服帖帖的；所有的难题、本来挺尖锐的矛盾，到他手里就化解掉了。用人并不一定就要按照传统的习惯，用人的关键，在于知道这个人的长处在哪里，弱点在哪里，用人所长，避其所短。这是一条。此外，人是会发展的，要看他的悟性、潜能怎么样。对于有潜力的人，给他机会和信任，他很容易就出得来，而有的人你再花功夫也打磨不了。

> **观点 2** >>
>
> 校长分析教师发展需要，提供给教师发展机会，创造条件让教师外出学习，拓展教师的信息渠道，并创设平台促进教师相互交流心得体会。

叙事 7-2

我觉得管理一所学校有三大动力，第一是物质动力，比如给老师发工资、福利等；第二是精神动力，向老师灌输一些理念，对老师进行批评表扬；第三是信息动力，必须要让老师去感受去学习，这一点对于管理好一所学校也很重要。

我所在的小学再好也不可能哪方面都好，别的省市的学校也有值得我们学习的地方。所以我派老师们去学习，而且必须去。我们派出了四十多人到外省去学习，回来之后有一个很重要的任务就是要在全校大会上进行汇报交流。对老师等人来说信息动力比物质动力和精神动力更重要。如果一个老师没有看到、听到一些东西，前进的步伐肯定就小。如果他能够很快地吸取一些别人的经验变成自己的东西，并把这些先进的理念运用到教学中，对其成长很有助推性。所以我觉得信息动力对于老师来说很重要，我也不遗余力地为老师提供条件去学习，拓展他们的信息渠道，同时要求他必须去学，要像交作业那样在网上提交自己的心得体会并进行交流。学校还为教师提供了各种各样的学习条件，如学校出钱订阅了八百多种杂志，我给每个老师一个密码，让他们通过网络浏览方方面面的杂志，不只是教育类的杂志，还有科技的、生活的、军事的等等，让老师们从中获取各种各样的知识，这对于他们来说很重要。如果老师想了解一个问题，通过网络在很短的时间内就能找到相关的资料，这样他们一定能够在某个领域内取得抢先地位，掌握非常新的理念。我跟老师们讲，我们学校在设施上是绝对领先的，别的学校一两年内都追不上，但是更重要的是我们的教师队伍，对于教师队伍而言很重要的就是理念，当然责任心、能力也很重要。

观点 3 >>

作为一名校长不仅要关注学校的发展，提高教育教学质量，还要关注教师自身的发展，如果教师没有发展就没有干劲。所以作为一名校长要站在教师的角度为其着想，发挥他的特长。

叙事 7-3

本学期新来了一个男老师，有书法方面的特长，字写得很漂亮，因为农村小学人员比较紧张，所以他来了之后我就让他做班主任。这个老师在工作上是没有问题的，尽心尽力，但是他个性上比较急躁，做班主任工作，同时还兼任数学和语文教学，总是感觉比较忙，教学成绩、班级管理等各方面都不是很理想。后来就调任科任老师，教自然学科，这样稍微好了一些，起码没有什么问题反映了，但教了一年也没有什么突出成绩。

作为一名校长我就开始琢磨老师的使用问题，觉得没有把他的长处发挥出来。我们现在讲学生的多元智力，其实老师也存在多元智力。所以在他工作三半年之后我把他调到了写字教师的岗位上，后来的实践表明这个决定做得很对。因为从班主任到科任老师又到写字老师，这对一个老师的成长来说并不是很好，老师想做出点成绩来必须要有一些实践的积累。他教写字之后整个人精神面貌都改变了，因为他的长处用上了，后来全区有个中学、小学、幼儿园老师的才艺展示，一共3个人获奖，其中一个就是他。那天他让大家很意外，平时的他不修边幅，口齿也不是很清楚，但是那天才艺展示的时候他介绍自己，现场5分钟演说，口齿清楚，还特别精神，当时在场的人都说他很帅气很精神。带着学生参加区里的比赛学生获奖，他自己参加区里的比赛也获了二等奖，区里出了一本书，他有一幅书法作品也被收录其中。

区教委有个书法协会，他现在是会员。我们学校进行校园文化建设的筹划时他写了一批书法作品，现在学校的大厅、老师的办公室里都是他的书法作品。他不但在自己的工作上干出了成绩，书法比赛获了奖，而且能带动全校的学生，我们校本课程中的"书法天地"就是由他组织的，他还带着全校的学生每天写字十几分钟，在"写字工程"中发挥了很大的作用。现在学区里的人都知道我们学校有一个小伙子写字特别棒。我认为这是在教师管理中比较成功的一个例子。

观点4 >>

学校的持续发展应该通过教师和学生的发展来体现，因为学校办学的目的就是要促进教师和学生的发展，教师发展了、学生发展了，自然就能得到家长的认可和社会各方面的广泛认同，学校的品质也自然能够在这其中得到提升。另外，在专业上也要给予教师支持。促进教师自主发展要具备和谐的情感、共同的信念和专业上的支持。

叙事 7-4

现在我们学校有 9 位市级骨干教师，都是年轻教师，还有比较多的区级学科带头人、区级骨干教师等，大家的成长还是比较快的，当然老师们也有一定的专业水准。在学校里，我们为老师提供一些材料让其自学，或者共同学习，或者请专家、教授来指导学习。我觉得我们学校老师的视野比较开阔，因为学校经常请一些大学教授、特级教师以及有学术见地的教育行政官员来学校进行交流，向老师们传达一些教改的信息，和老师们一起探讨课题、探讨课堂教学，研究对于不同的学生应该怎样进行教育等。给老师一定的支持、辅导、帮助，为其提供一些思路，甚至共同去研究，这是一个角度，是引领的角度。此外还要给老师搭台，让老师到不同的环境中去锻炼，如去支教、和区域内其他学校一起研讨、参加市里的比赛、参加展示、参加各种会议等。这也是一种专业成长方式，促进老师通过这样的方式去展示、去锻炼。当老师具有开阔的视野之后，他们就能不断地反思、继续成长。这是教师自主发展中的一个很重要的问题。教师自主发展中另一个很重要的问题就是教师自己要发展。教师要客观地认识自己、科学地设计自己、及时调整自己、不断地超越自己，实现自我管理。这是促进教师发展的一个思路。这么多年，在促进教师和学生发展的过程中我们总有一些新的想法、新的创意，不断去实践、去完善。

在学校发展中有一点是很重要的，那就是我有自己的理想追求，有自己的办学思想，然后不断去追求、去实现。当然你的办学思想一定要是符合国家教育改革的思潮，符合党的教育方针，符合推进素质教育的大背景的。为什么我们有生命力，为什么我们能站在教育改革的前沿，是因为我们的思想不落后，思想不落后我们就能在这种思想的指导下想出很多方法来实现我们的理想。

> **观点 5** ❯❯
>
> 根据教师的不同素质,制定有针对性、有目标的培养计划,并为他们创造条件进行精心的培养。

叙事 7-5

我成功的案例是培养青年骨干教师。我当初来这所学校的时候,这里的青年老师只有一名徒弟,其他老师都不是区级骨干,而我原来的学校已有 5 名青年老师被破格评为小学高级教师,这个学校一名都没有,另外我原来那个学校在区教研室做业余教研员的兼职教师也有七八名,这个学校也没有。当时这种情况让我大吃一惊。我加强听课、观察,发现学校在青年教师培养方面的针对性、目标性、计划性不够。于是领导班子确定了青年骨干教师的培养计划和学校五年规划。我从学校整体的教育教学入手,了解每个教师的情况,做到心中有数,同时还具体了解了每个教师的教学功底及他们的语言表达能力、组织能力、接受能力,分批分阶段实施培养计划。经过几年的努力,到了"十五"期间,我们培养了十多名青年骨干,其中有 2 名是学科带头人,3 名是区骨干,5 名是区青年骨干。当时我们的任课教师是 30 个,十多个就占了任课教师的三分之一。成绩的取得,和我们有目的、有计划、有目标的培养有很大的关系。

我们在教师培养过程中最大的特点是有针对性,比如,学校有个老师论文获了奖,但他缺乏做课方面的突出成绩,我们就及时跟教研室联系,请区教研员来听他的课,教研员给他创造条件,让他做业余教研员并参加教研员的活动,承担一些工作,参加区里的说课、评课等具体活动。参加这些活动是用区骨干教师的评选标准来进行的,一段时间后这个教师在教学方面有了飞跃的发展。我们这样培养,学校的老师就能很快脱颖而出,而且工作也特别努力。

五年骨干教师培养规划后,我们学校又开始了新一轮的骨干教师培养规划。近几年我们又培养了7名骨干。有了这个规划,我们学校青年教师的人生奋斗目标都很明确,也有了努力的方向。学校创造了平台,再加上自己的努力,所以他们成长得都很快。现在我在区里或者在市里也感到特别自豪。

观点6 >>

校长把教职员工的个人发展目标纳入到学校整体的发展计划之中,加强针对性培训,提高专业素养,并形成相应的奖励制度予以支持与协助,充分调动每个人的学习积极性。

叙事7-6

有一位历史老师马上要教高三了,教育学院组织优秀历史教师9月份到敦煌去参观,为了培养教师,这种考察得学校出钱,我就让他去了。他出去考察的两周,我请了大学教师来代课。为什么支持他去呢?因为历史教师不去敦煌终生遗憾。回来以后,我让他在全校做汇报,一想到学校这么支持他,他眼泪都流下来了。过年后,他就被评为了特级教师。

在担任校长时,把我所有的英语教师都送出国过,少则一个月,多则一年半。三五年之内,大学毕业的青年教师90%都上了研究生课程班,一年6000元,两年就1.2万元,因为我们的钱要花在刀刃上。建设学校风气最重要的是教师队伍要学习。先不说老师,我们统计过,即使学校职员工人90%都有专业等级技术证书,电工要考高级电工证书,管理仓库的要考仓储专业(大专)文凭。所有教职人员的第一要务就是提高专业水平,要学习。这就是风气。

二、团队领导

校长期望承担团队领导的角色，表现出领导他人的愿望。校长根据学校发展需要，运用个人影响力影响团队绩效，制定团队规范与发展愿景，引领团队发展方向，增强团队凝聚力。团队领导是组织影响力的一种特殊形式，是校长领导力的核心之一。

> **观点 1** >>
>
> 校长根据学校发展需要，运用职权和个人影响力提升团队绩效，制定团队规范，公正解决团队问题，对每一位成员公平公正。

叙事 7-7

就拿职称评定来说吧，这所学校的职称评定原来是出过大问题的，市里曾经对前任校长作了处分，虽是好心但违规操作。我来之后，这些评委的心态很不好，领导越想提谁，就越不想让谁过。当时双方的矛盾很尖锐。我就做大家的工作，让评委对老师们负责任，也让老师们想一想，为什么评委老卡你，双方都平静下来，从学校教师队伍发展建设这方面来考虑。由于我的重视，操作也很规范，这些年职称评定很稳定，双方也都能互相体谅，该评的都评上了。

> **观点 2** >>
>
> 在学校不同层面的团队中，校长要根据学校发展需要，在关注团队绩效的同时，注重团队成员个人发展需求，并采取有力措施促进团队成员的发展。

叙事 7-8

在学校中我非常强调"反思型"工作计划和总结。我要求教师的教学反思要很具体，我们学校从来不依据考试成绩给老师排队，我做了十几年校长也没有给老师们排过队，更没有因为谁的分数考得好而奖励哪个老师。但作为一个老师，学校可以不排队，你自己班上学生的成绩如何你得清楚，我要求老师把自己班级学生考试的及格率、不及格率、离散率写出来，此外年级平均值也要写出来作为参照，一参照就能看出自己的问题来了。我要求老师针对这一点写出自己的教学任务，这学期打算怎么办，不是针对学生，而是老师自己打算怎么办。还有的老师担任班主任、副班主任、年级组长、教研组长、课题组长，那就还要写出自己在这部分工作中的计划。这就是"反思型"工作计划，反思自己上学期的发展，写出自己本学期的计划。

另外，针对这个计划我们还要做两件事情：第一，要求行政人员每人分管一个组，看每个组成员的工作计划；第二，组内成员要坐下来充分交流，互相启发，了解组内其他成员的计划是怎么制订的。期末写总结的时候要进行"反思型"总结，看自己一条条的计划达到了没有。这就是一个完整的周期，这种方法能够有效促进教师的个人发展。

观点 3 >>

校长根据实际工作需要，不回避团队冲突，能够积极、主动提出并参与解决冲突，使他人自愿合作，协同努力。

叙事 7-9

我初到这所学校时，楼道内放着一些闲置的桌椅，用铁链子锁着。楼道本来就窄，要是学生活动时磕了绊了很危险，而且卫生也不好搞，于是我就想把它们弄到楼下。我想这个很简单，学生们上体育课时，从楼上下来，一个人带两把，不是很容易的事情吗？于是，我就找到了体育老师。这时我用的还是过去的那种工作方法,"哈哈一笑"大家就都乐着出来了,干什么活,大家搭把手就干完了。我想这里也应该是这样的。没想到,体育老师说:"这个应该总务干。"当时我一下子就惊醒了:这跟过去的那个工作环境不同,"应该"是谁干特别清楚。我说:"行,那我去找总务吧。"

我就跟书记商量,要求总务干,总务也就那么两三个人,他们也搬不过来。我说:"那就让党员义务劳动,咱们正好抓党员队伍。"因为当时党员不和睦,在闹矛盾。"咱们就用这个义务劳动,把党员意识调动起来。喊出一个口号,'群众有积极性的事情,党员让;群众没有积极性的事情,党员上'。"

思想政治工作确实挺有作用,这么一号召,还真的把潜伏了许多年、年轻时候要求入党的人的积极性和热情调动起来了。第一次义务劳动很顺利,党员没有一个不来的,而且还有一部分群众跟着。

> **观点4** >>>
>
> 能够使用方法策略提高团队绩效。在关注团队绩效的同时,注重团队成员个人发展需求,并采取有力措施促进团队成员的发展。能够提出有吸引力的团队发展愿景,唤起和激励全体成员的热情,形成团队凝聚力。

叙事7-10

我做校长4年多了,做管理也将近10年了,经历过的事情很多,比较满意的事情有那么两三件。一件是我刚才谈到的校长应该是有思想的人。2002年做校长之后,我看到了一篇文章,是分析教育的矛盾的,说当前中国教育的矛盾是教育的发展状况不能充分满足社会、家长对优质教育的需求,农村地区的表现是普及九年义务教育尚未完全实现,城市地区的表现是追求优质教育。我们学校虽然是农村学校,但是距离黄村镇不是很远,经济发展很快,所以老百姓追求的是优质教育,因此我提出的一个办学目标就是创办优质农村教育。怎么能让干部、老师认可这个目标，让大家朝着这个方向努力呢？我组织干部、老师们学习，把这篇文章推荐给大家，和大家一起分析这篇文章，分析学校的状况，分析当地老百姓的需求。作为校长我从各个层面反复进行宣讲，在干部会上、教师会上进行宣讲，还开展了讨论活动，让大家认识到提出这个目标是符合学校的实际情况的，而且是鼓舞人心的，大家都应该朝着这个目标前进。通过几年的发展，我们所有的老师都非常认可这个目标，而且都在朝着目标努力。我们学校之所以发展得好也是因为我提出的这个目标得到了大家的认可。这是我比较满意的一件事情，我提出的思路，采取的一些措施能被大家认可。

三、组织协调

校长从宏观的学校组织层面及领导者的角度出发，设定合适的学校组织结构，并进行合理的学校组织分工，能够协调各学校组织间的关系确保学校组织高效运转。组织协调是组织正常有序运转的重要能力。

> **观点 1** 》》
> 校长为了达到一定的组织目标，应设定合理的管理流程和分工，并协调组织各个部门分工协作，通过检查和监督以期达到预定目标。

叙事 7-11

我要求老师在早晨 7:30 到 7:45 的这 15 分钟不要讲课，干什么呢？交给学生，让学生去讲，去组织，分享前一天的所见所闻所感及班里的情况，即哪些需要表彰，哪些需要改正，大家感兴趣的有哪些新闻时政等。开始老师觉得浪费时间，这 15 分钟上早读多好。原来7:30到8:00半个小时是早读时间,效果并不好。因为学生一般住得比较远,早上来了之后,还没吃早饭,夏天热冬天冷,坐在那儿也不踏实。半小时一会儿就过去了,起不到什么作用。我考虑到效果不好,才给取消了。这样,不仅可以节约一万多元的课时费,而且让学生有了更多参与活动的机会。原来班主任一天到晚老喊没有教育时间,天天是课。从现在开始,这15分钟时间用于教育。

我还有一个考虑就是要给班主任涨点加班费,因为班主任非常辛苦,但又不能平白无故地涨。学校任何工资调整都要通过教代会,临时调整的话非常麻烦。现在,这15分钟给了班主任,只要班主任利用得好,德育处检查觉得效果好,就给班主任涨100元钱,这样谁都没意见。每个班主任涨100元,一共26个班,一个月才2600元,比原来一个月一万多元节约了很多。班主任特别高兴,有了专门的教育时间,学生也特别高兴,大家能轮流上台了,今天我,明天他,可以讲一些感兴趣的话题。有的老师来得特别早,觉得这15分钟糟蹋了,他就进班,跟班主任说想讲两道题。

有时班主任忘了学校要检查,有时是我亲自查。我一看老师上课,就把他叫出来,他还不服气。我说,好心要办好事。既然学校规定了15分钟给学生,你讲两道题又把时间占了,学生想说又说不了。德育主任跟我说,这个规定有可能坚持不下去。我说,没关系,就得坚持。任何事情需要循序渐进,不能因为没坚持住,就把这个规定废了。

观点 2 >>>

校长根据学校总体情况和任务,抓住部门和管理核心环节进行有效沟通,使部门清楚自己的职责、期望、任务。在各部门出现冲突时,运用抓主要矛盾的方法处理问题,通过有序、有效沟通化解矛盾。

叙事 7-12

有时管教学和管德育的行政人员发生冲突，是因为彼此都觉得自己很重要，互相抢时间，这时候就要校长出面来调解了。德育工作确实很重要，因为人的思想很重要，尤其是孩子，要建立一种正确的思维方式；教学也很重要，因为孩子需要学习知识。那发生冲突的时候就要看这个时间更适合做什么事情。例如，教学主任说要用课间操的时间对学生进行测试，德育主任却说要利用这段时间对学生进行安全教育，因为刚出了一起安全事件。这时候偏向谁呢？应偏向德育主任，因为这是很现实的一件事情，在这样的情形下必须要让孩子了解一些安全知识。为了让双方都满意就要把两个主任叫到一起谈话，这个时候校长就要注意协调，我会跟教学主任说明今天这个时间给德育主任比较合适，因为昨天刚发生了一件什么事情，这个时候趁热打铁对学生进行教育效果会比较明显。测试可以下次再进行，并不是说明测试不重要，当务之急是要解决更重要的问题。所以作为校长协调能力很重要，因为学校的各项工作都很重要，要处理得巧妙。

观点 3 >>

校长采取多种措施提高全体教职员工的专业素养和组织氛围，并有一定的分工和重点，一些措施已经收到效果。

叙事 7-13

我当校长期间，会议最少，开会最短。有的学校一个礼拜开好几次会，我们学校就一次，固定的。星期五上午开行政干部会，而且第一件任务是学习，然后才是工作。副校长、书记都兼课，全要批改作业，全要备课。我们会议的时间最少，为的就是给这些干部深入群众、深入课堂、深入教学第一线提供时间、精力,让他们将主要的时间用在教学上,而不是会议上。我们学校真正脱产的干部就三个:总务主任、校办厂厂长和办公室主任。而其他主任、副校长、副书记、书记都兼课,一个礼拜兼两堂课。国家课程改革提倡选修课、活动课,我们开过好几门。这对建立学校的风气很有帮助,在我们学校没有老师说校长站着说话不腰疼,校长不知道老师的辛苦。因为我知道怎么改作业,怎么备课,怎么跟学生谈话。

校长要抓八个字"人、才、物、事、时、空、信、风"。但是正职校长全抓绝对糟糕。要学会弹钢琴。什么意思呢?抓住主旋律。根据校长和学校的特点,抓住两三个字就可以了。我就抓俩,一头一尾,其他六个字分工合作,交给书记、副校长、主任,各司其职、各负其责、团结一致,并建立相应的规章制度。我管人,即三支队伍建设:干部班子、教职员工队伍和学生骨干,学校1000多名学生,我认识的少说有100多个。三风:干部作风、教师教风、学生学风,合称为校风。我认为一个学校风气好,破铜烂铁也成钢;一个学校校风气不好,真金进来也生锈。风气改造人、塑造人、影响人,而且不是点滴的,是深入骨髓的影响。

> **观点4** »
>
> 通过目标管理组织和协调评价机制,能够设计监控管理制度监督教职工工作质量,核对工作进程。确保对每个人活动的详细记录,从而使教职工能够自主高效地发展并运用系统来组织协调各方面的工作。

叙事7-14

我们学校学期末的效益奖从来不分等级,那这是不是大锅饭呢?不是。因为我坚持的一个原则是少一点评比,多一点管理。管理工作尤其对于老师的管理不要动不动就评比。评比是校长人为地在制造干群矛盾，是校长人为地在加重老师的心理负担。

具体我们是这样做的，把奖金分为三部分：第一部分是突出团队精神的集体奖。每个期末算帐，我们会对在北京市团体工作中所获得的荣誉称号进行奖励。例如这学期的德育工作、校本培训、先进集体，再如体育锻炼、先进学校等，这部分是每个教职员工都有的。不管是哪个老师都会关心学校，体育得奖了，卫生检查得奖了，每个老师都有份，跟每个老师都有关系，这样大家都会关心学校的各项工作。第二部分是强调班组氛围的单项奖，我们有3个校区15个行政组，这部分奖金包括两项：一项是师德奖，一项是合作奖。师德奖是这样操作的，如果某个行政组的任何一个老师被家长投诉，查证之后确实有这种问题存在，除了教育之外，这个组的人就都没有这部分奖金了。因为我坚持这样一种观点，如果组里哪个老师出现了对学生的训斥、体罚现象绝对不能手软，平时就得纠正，组里的其他老师有义务对其进行引导、排解和劝阻，如果没有，说明你们组缺乏合作的氛围。合作奖是到期末每个行政组的组长都要写一个总结和申请，说明自己组是一个团结合作的团体，组里的其他老师都要签字表示认同，说明自己在这个组里待得舒服、合适，有一个人不签字都不行。第三部分是鼓励发展个人奖，如果哪个老师在报刊上发表了文章，论文获奖了，做课获奖了，辅导学生获奖了，带的班级获奖了等，平时都有记录，学校都有相关的规定，什么级别的奖项有怎样的奖励，每个人不一样。这样起到了一定的激励鼓舞的作用，还避免了老师们为了奖金闹意见。

总之，大家都积极向上，没有人为了评奖而争论，大家形成了一种平和的心态。现在提倡和谐社会，提倡的就是一种平和，而我在学校提倡的就是一种平和。

四、信息寻求（资源利用）

作为学校的领导者、管理者和教育者，校长必须适应时代的发展和变化，主动地进行信息寻求和资源利用，树立与信息时代相适应的价值观、学生观、教学观，提高校长自身的信息意识和信息素养，并能有效利用各种资源为学校发展服务。

> **观点 1** >>
> 校长亲自对情况进行观察，询问相关人员，收集有用的信息。而且能够注意到除此之外的很多信息，并能综合运用。

叙事 7-15

某一天，我无意中看老师的履历，突然发现，今天正好是他生日，于是，我就给这位老师拨了个电话。他特别感动，中午打饭时还跟我说谢谢，他说自己都忘了今天是自己的生日了。这给了我一个启发：以后跟老师的沟通有特别好的渠道了。于是，我就让办公室主任给我买了一摞生日贺卡，并把学校所有教职工的生日日期全都写到了一张纸上。因为不可能全记住，我每天早晨过来或者晚上离开时都看一看。现在好几年了，已经记的差不多了，我已经翻烂好几张纸，而且还有新人不断补充进来。如果头天知道有老师要过生日，第二天早上来的时候，我先给老师写一张贺卡，然后亲自给他送到办公室，如果他不在我就搁在桌子上。每个人的情况不同，我都是根据自己的感觉去写的，每个人写的内容都不一样，所以老师们特别感动。

> **观点 2** >>>
>
> 校长为了实施教学改革，创新教学模式，在进行教学实践的同时收集相关的信息，通过系统的正式研究渠道来获取信息，为教育实践提供理论依据。

叙事 7-16

我当时决定对外语教学进行引进外教的改革，做的时候还是很认真地去做的，对外教的审核也是很严格的，即必须要有教学经验。引进外教之后第一炮算是打响了，同时为了使学校的外语水平有所提高，我要求大家都去听外教的课。后来我还跟我们的英语老师们一起探讨，为什么学生不喜欢我们自己的英语课，根本原因就在于我们上课太呆板，学生非常不喜欢这种陈旧的教学方式，他们喜欢的是符合小孩特点的学习方式。我之前也查了一些有关儿童语言学习的资料，资料显示 3～13 岁是学习语言，尤其是第二语言的最佳期，我们必须要抓住这个最佳期。此后我们逐步在全校推广外教这种教学方式，很快学生的英语水平就上去了。

> **观点 3** >>>
>
> 善于沟通，校长应该懂得运用沟通的方法，保证同事和上下级的最大限度合作，并能获得信息和资源。

叙事 7-17

2001 年教师节之前学校建筑的颜色和路面都不是现在这样的，当时楼是灰白色的，地面也不是沥青路面。挨着东操场的是一个土坯墙，操场都是黄土地，焦渣。2001 年教师节，教委安排区长到我们学校来参加交流会，让我负责组织，做好接待工作。

我就考虑怎么接待这些人。我觉得肯定要有校长汇报和教师座谈会。我就考虑应该汇报些什么内容，我抓住跟教师见面的机会先预讲了一遍，征求他们的意见。正式跟领导汇报时，我汇报了学校的具体情况和管理思想。那次汇报应该说还是比较成功的，特别是我汇报内容中的管理思想，得到了领导认可。2001年，我提出了"协调大于控制，服务大于管理，观念重于方法，环境大于制度，科研先于学校"的管理思想。这一思想得到区长的认可。区长后来就跟我交流，问我们学校有什么困难，我说有两个困难：第一是学校的班额比较大，超编了，影响教育质量。我提出能不能在学校附近再盖一所学校，把部分学生分流出去。第二是东操场的环境问题，东操场都是黄土地、灰面子，春天一刮风就没法用了。我提这两个困难是一种策略，如果你提一个问题可能解决不了，但是提两个就可能解决一个，一个也不解决的可能性不大。当时区长就问我建一个塑胶跑道、人工草皮的操场要多少钱？我说要180万元左右，我当时已经算好了大概要多少平方米，需要多少钱。区长就说区里给100万元，教委再给点，利用寒暑假的时间施工，2002年的时候我们就把操场的问题解决了，当时这个操场在社区小学中也是比较好的。

这件事情给我的感触是校长的汇报要精心准备，要让领导感觉到你是用了心的，学校是蒸蒸日上的，还要让领导觉得你的汇报能让人眼前一亮，因为毕竟一个区长能坐在这里听你的汇报是很不容易的。我们学校有两块地方组成，一边挺漂亮，另外一边就显得特别破旧，接着我们就启动了另外一边的建设，该装修的装修，该改造的改造，后来这个问题也解决了。所以校长要能够借势、融势、造势，或者说要能抓住机遇。庸者丧失机遇，弱者等待机遇，智者创造机遇。实际上机遇是随时存在的，可是有的人就是抓不住。我觉得最重要的就是要有责任心、责任感。

> **观点 4**
>
> 校长知道资源开发利用的重要性，能够运用各种合理的方式方法和手段，有效地从现有人际关系中挖掘可利用的资源，获得开展重要工作的能力。校长能够敏锐觉察到潜在资源，并采取有效方式充分开发利用，因为对时局和组织规则有深刻而准确的理解，从而有效达到了目标。

叙事 7-18

有一年，我们学校申请开办国际部，因为学校属于文物保护单位，所以难度比较大。如果单纯走行政路线，会很难实现。为了节约时间，需要用巧劲儿。我刚接手这个学校时，校园里都是洋灰水泥路，一刮风就起黄土，一下雨就和泥。而且，这个院里还有 70 多户居民。学校有 50 年的历史了，历任校长都想把这些居民搬出去，但是搬不走。我当时面临的最大问题就是这些居民，他们的电水都跟学校连着，而且他们又都是革命干部子弟后代家属，也不能收他们钱，每个月学校要为此支付 5 万元的水电费。怎么把他们搬走呢？我们想了各种招，甚至给中央领导人写信，但是也没有批示。这 70 多户居民属于零拆迁，搬走后的空地也不能盖房子，几千万的拆迁费，谁给呢？

所有的拆迁政策都有，为什么搬不走？是因为没有一件触及各级领导神经的事。突然，我在报纸上一个很小的版面中看到一则消息——北京市申办奥运会要搞国际公关，要请国际奥委会官员来北京，组委会设在天坛。

其实，这种消息对大部分校长都没什么用，但是我一看，第一反应就是——这事有机可乘。于是，我就跟学校的文物馆长联名给组委会写信。我们在信中写道："老北京由九坛八庙组成，中轴路向南有两个，东边是天坛，西边是先农坛。皇帝每年 10 月份到天坛祭天，开春4月份到先农坛祭祀，企盼天下五谷丰登，这是一对姊妹坛，恳请组委会把先农坛也作为会场之一。"

市委领导了解我们学校的情况，院子里乱七八糟，没法申办奥运会。最后没辙了，就召开市长办公会，要求3个月把院里的居民全部搬走。于是，财政局、物价局、教委、区政府、园林局，若干相关单位一块儿筹钱，3个月内，居民全都搬走了。人们非常吃惊，50年积蓄的矛盾，那么多领导都没办成，你是怎么办成的呢？其实，不是我一个人的功劳，申办奥运会是国家的第一要务，我不过是借用了奥运会申办这个契机。这些事别人可能都做不了，因为这是历史机遇，而我确实想到了，这是一件非常了不起的事情。

观点5 >>

校长运用各种合理的方法和手段，从社会环境、自然环境和人际交往中挖掘各种与教育教学活动相关的因素，形成教育资源并利用资源进行学校管理和发展，以及开展教育教学活动。

叙事7-19

我校的办学特色就是传承民族文化，运用藏头诗的形式，对学生进行思想品德教育。这个特色也是我们近3年不断思考和实践形成的，因为我认为一个学校要办出质量更要办出特色，学生要全面发展更要学有所长。

这样一种办学特色，与当时的新课程改革和校本课程建设联系了起来。对学生进行引导和宣传，就得有课程，而且从思想教育纲要中，我们也发现了倡导开展德育课程，鼓励进行德育教育的思想。所以我们就想开展这样的德育校本课程，进行藏头诗教育，同时又通过藏头诗的写作来进行思想教育，以期达到好的教育效果。

后来在《中共中央国务院关于进一步加强和改进未成年人思想道德建设的若干意见》的指导下，我认为作为一所民族学校应该在传承民族文化、弘扬民族精神上带头做一些事情，所以我们就聘请了一个回族诗人作为学校藏头诗的教学顾问。他给我送来一些书，在交谈过程中，我发现他是一个藏头诗爱好者、业余作家。我们觉得他在这方面挺有特长，他也表示愿意为我们学校做些贡献。他是民族诗人，我们正好可以利用这个教育资源，于是就请他定期来学校给师生们做些讲座。我们请他定期给学校老师讲课，培养我们的师资力量，定期给学生开展一些提升式的讲课，使学生在创作藏头诗的过程中不断迈上更高的台阶，提高创作能力和水平。这个特色目前已经形成了。

我们这个校本课程还有一个特点就是要有参与性，即主动的参与。在活动教育中，孩子动脑筋自己创设主题，自己把自己的感想写出来，效果特别好。所以我们把学校的藏头诗教育作为德育的一个载体，开展的教育活动很不错。在藏头诗的教育过程中，我觉得还得有成果，于是就在2006年上半年的时候，出了本藏头诗集，这里面就有老师、学生写的。书出来以后孩子们很高兴。孩子们的家长也特别高兴，他们实实在在地感觉到了教育的成效，教育的成功。我们这个特色在区里和市里得到了认可，并多次获奖。

所以要为育人打基础，其实有很多方面可做的事情，不一定非得按课程的设置去教知识。孩子们需要广阔的见识、丰富的知识和开拓的思路，让孩子们多方面、多元化发展，这也是这几年我们学校成功发展的特色。

第八章 认知特征

一、反思力

校长反思力是以自己的各种职业活动为思考对象,对自己在职业中所做出的行为、决策以及产生的结果进行认真的自我审视、评价、反馈、控制、调节和分析的能力。校长反思力应基于理性的思考与批评态度,有利于校长探索教育管理规律,改进管理行为,提高自身修养,达到育人目标。反思是校长成长和发展的重要阶梯,是促进个人持续成长发展的核心要素。反思已成为校长的生活方式和人生态度,是校长追求教育理想的途径。因此,做一名"反思型校长"既是校长职业岗位的需要,也是校长自身发展的内在动力。

> **观点 1** >>
>
> 任何事物的发展都有一个周期,学校也不例外,一般要经过酝酿期—生长期—发展期—高原期。善于自省反思的校长应该敏锐地从自身的条件、学校师资队伍的现状、学校外部环境的变化等因素清楚把握学校处在什么发展时期,要通过不断自省反思,努力提高创新能力,调动各种积极因素,在自己的职业生涯中努力使学校不断进入新的发展期。

叙事 8-1

一般来说，校长要与各方面搞好关系，这对学校的发展很重要，但是我的观点是校长不要刻意在外面拉关系。校长应该有自己的职业特点，把学校办好。学校办好了，有些东西自然就来了。如果有的人拉关系走后门，难免用不正当的手段。比如跟区委区政府汇报工作时，我们提出了学校面临的问题，期望得到各方面的支持，这些都是通过正规渠道进行的，从而避免了各种各样的隐患。

当然大家也都非常关心我们学校，包括书记、区长等都非常关心学校的发展，经常来学校看看，赶上教师节，包括乡镇领导在内的人，都会来学校祝贺教师节日快乐。我觉得拉关系也好，走后门也好，首先应该把学校办好，让领导、老百姓心目中有这所学校，这比搞庸俗的东西强多了。

同时，在学校后备干部培养和选拔方面我也有些体会。我觉得年轻校长第一还是要考虑德的方面，虽然这有点俗气，因为如果这方面不好的话，是立不住的。

首先，要看校长对教育事业热爱不热爱，对校长本身的工作上心不上心，对学校的工作热心不热心，对老师是真爱还是假爱。一腔热血都放在学校这儿，乱七八糟的事少谈。现在有些校长，今儿个你约我，明儿个我约你，校与校之间搞拉拉扯扯的关系，没劲。说工作咱们就说工作，说互相交流或者你让老师到我们学校来，我绝对欢迎，业务上的事情应该多做一点，拉关系的尽量少做。

其次，衡量一个校长，并不是说要校长各科都精通，关键是看学校老师服不服你，你的人品怎么样，这点很重要。校长的人品、人格、道德比什么都重要。尤其在目前这种形势下，校长还应该有传统的一些品质,比如吃苦在前、享乐在后,忧患意识,节俭意识等等,这些东西都应该在实际工作中,实实在在地得到贯彻和落实。可是现在的局势下,得到贯彻落实的只是一部分,并不全面,所以还应该继续强调。还有的校长有点经验就满天飞,到处跑,今儿在这做报告,明儿在那做报告,我觉得这不太好。这不是校长的主要工作。

第三,校长应该有一个研究的头脑,辩证地去考虑一些问题,不要把问题看得僵化。有的校长非常僵化,固步自封,搞形式主义,抓工作不实,比较浮躁。我认为校长还是应该扎扎实实地做好具体的教育教学工作。老百姓的眼睛很亮,一个学校想立足,还是要看老百姓喜欢什么,不喜欢什么,要听从民意,这都对校长提出了巨大的挑战。

观点 2 >>

校长的反思是在实践基础上的理性思考,只有将实践中的问题上升到理论层面加以剖析,才能寻找到根源,总的途径就是"实践—认识—再实践—再认识"。实践与反思的过程就是反思型校长成长的过程。

叙事 8-2

我觉得作为校长首先要修炼自己。什么是修炼自己呢?就是说除了本身业务素质的提高之外,还要在人品、人性和做事上达到一种很高的境界,否则工作开展起来会很困难。我曾经就遇到了这种情况。我们学校有副校长,还有中层的主任等领导,学校习惯把这些人称作学校的领导班子,每周都有一个固定时间开会商量学校的工作。当时我就发现有些领导班子成员存在两个问题:一是对自身要求不是特别严格。比如,作为行政人员，每周都有一天要值周，值周就是每周这一天你要早上 7 点到校，晚上 5：30 以后才能走。在这一天中，你要到年级组，到学生中间去，参与学校的工作，如学生吃饭时你要分饭，还有管理班级及组织课间操等工作。这一天学校的整体情况，作为值周人员要去了解，要去发现问题、解决问题。我发现有些领导班子成员对这项工作比较忽略，比如早上 7 点来不了，或者中间该去检查没有检查。另一个问题是一些行政领导做事情没有计划，凭着自己的感觉，由着自己的性子来，比如今天高兴可能听 5 节课，明天不高兴可能一节课也不听了。或者在自己主管的工作方面没有计划，想怎么样就怎么样，比如有时候忙于应付上级的一些检查，或者说忙于完成一些竞赛、论文评奖的活动而耽误了正常的工作。

后来我就在会上指出了这些问题，并提出作为领导班子成员应该很好地注意两点，一是自身的作用，二是工作要有计划性、系统性。当时我可能在措辞上，或者讲话的语气上没太注意，当场就有一个副校长跟我顶了起来。他认为我说这些都是在说他一个人，当时我也有点不冷静，便说如果你觉得是在说你那就是在说你吧，你自己愿意对号入座，如果作为班子成员在这些方面做得不尽如人意，那学校的工作就没法开展。当时的场面很不愉快。后来我们通过很长时间的私下交流、沟通才统一了思想。我现在觉得如果事先要找这些同志交换一下意见，或者说做做思想工作，把工作做得再耐心一点、具体一点，可能会比开个会把问题单摆出来效果要好。所以，作为校长很多时候要力争找到一种最好的解决问题的方法，不能由着性子来。而这一切都要求校长应该不断提高自己的修养。

> **观点3** »
>
> 　　学校的事件是外显的，看得见的，但事件的背后是思想，思想往往看不见，易被人忽视，而且最为重要的。校长往往很忙，因此有的校长就较少有时间坐下来静静思考。由此可见，校长不仅要经常反思自己有没有用心去思考，同时还要反思自己有没有想到自己该想的"真问题"。

叙事8-3

　　我觉得学校要有自己独特的管理文化，并在管理文化下，思考适应新形势的学校管理方法，这也是我比较困惑的一件事情。此外，还要有一套行之有效的教育方法。例如我们学校坚持多年的五年级学生必须要到郊区部队进行军营生活体验的活动，学生到军队里进行拉练、紧急集合、唱歌、蹲着吃饭等训练。但是因为安全的问题，这几年没有再坚持了。这是很矛盾的，我们一方面说孩子缺乏社会实践能力，一方面又强调安全，很多活动需要区里批、领导批，谁签字谁负责，出了事责任倒查，没有人愿意为了这件事情担责任，大家都不做。

　　有一次学生暑假举行夏令营活动，到怀柔的中国登山基地体验，其中有一个项目是从怀柔县城步行到红螺山登山，登上去之后再走回来，然后用登山队的小燃气灶，几个人一组，每个小组发米、菜和工具，自己做饭，做了就有的吃，不吃就饿着，饿一顿没关系，就是体验一下，活动的效果很好。但是现在很多孩子喜欢的、行之有效的社会实践活动在安全第一的要求下都不能开展了。我曾经在家长会上提过这件事情，家长也希望孩子能够多参加一些社会实践活动。我跟家长解释，表示很理解上级领导不批准此类活动的想法，但这是我作为校长很困惑的一件事情。现在我们也采取了一些替代的方法，如春游等。

我还有一个困惑就是学校教育越来越受到家长和社会的评论，任何人都可以对学校进行评论，任何家长都能指点学校。因为几乎所有人都在学校学习过，都受过教育，大家对学校教育最关注，因此教育已经成为全社会最受关注的一个行业。校长应该如何面对这一社会现实呢？我很坦然，觉得这很正常，而且很高兴，这说明中国社会越来越民主了。老百姓讲民主需要有自己的平台，第一个平台应该是教育，因为他们对教育最熟悉，也最方便去了解，通过教育发扬民主对中国的社会发展有好处，但是给学校的管理带来了压力。同一件事情有人说好就有人说不好，教育也是一样的，同样的事情有的家长支持有的家长就反对，而且都能讲出道理来，学校要适应不同家长的不同需求很难。作为一个老校长我很理解，但是我认为这是应该认真研究的一个问题，以后的年轻校长也要认真考虑这个问题。

我觉得学校教育应该让孩子更快乐一些，如让他们走出校门参加活动，随着时间的推移，他们的综合能力也在增强。前几天有一个家长给我打电话，说他的外孙今年毕业上中学，参加北京市的一个软件设计比赛，拿了一等奖，他很高兴。原来这个孩子在班里就是中上水平，但是到了中学之后马上就显现出了我们学校教育的优势，他不只是计算机好，各方面的综合素质都很强。

这是因为高考制度和我们的人才培养制度不一致，是教育体制的问题，我们也意识到了问题的存在，现在也在改，如新课程改革。高考考高分的不一定就是人才，被高考淘汰的孩子也不一定就不是优秀的孩子。但是现在社会看重这些，学校看重这些，看重考了几个重点大学，考了几个北大清华。

还有一种观点是，今天对你严格、现在让你辛苦是为了明天的幸福，这是错误的，这不叫幸福人生，牺牲今天的幸福换取明天所谓的幸福，还能叫幸福人生吗？这不叫幸福人生，这不是以人为本。从幼儿园到大学差不多20年，这是人生中很重要的一段,可能是生命的四分之一,你剥夺了他人生四分之一的幸福,怎么能叫爱自己的孩子呢?很多家长、校长没有意识到这一点,觉得自己在做一件好事,其实不是。

为什么很多人进入大学和社会之后会出现心理不健康的情况?就是因为他在成长过程中没有体验到应该体验的很多东西。

> **观点4**
>
> 校长一定要立足于实际去观察,教育实践是沃土,面对教育实践你会有想法、有思考,这才是思想。因此,学校需要有思想的校长。

叙事8-4

所以下面咱们谈几个小问题:

第一先谈校长的社会角色定位。校长校长一校之长,我是学校的一把手,我从来不这么认为。

我第二个不同意的说法是,校长应该成为学校的灵魂。这是陶行知说的,但是他指的是教育家、教育思想家类的校长,现在中国的学校校长中是教育家、教育思想家的有多少?我经常跟来学校参观学习的外校校长开玩笑说,你们到我们学校一个礼拜、两个礼拜,你们学校就没"魂"了知道吗?大伙都哈哈大笑。只有教育家、教育思想家,才能成为学校的灵魂。而有几个能成为教育家、教育思想家的?

第三个就是一个好校长就是一所好学校。我坚决反对。我在高年级中学校长委员会中是副理事长,负责编一本叫《校长论坛》的学习资料。好多校长看了这句话,要求立马改掉。为什么?这绝对违反辩证法。生源很差、师资不稳、设备简陋、房屋危陋、经费没有,就你一人——好校长,你能办好学校?别做梦了,怎么可能呢?这句话可能是给某个学校的鼓励,但是只有个别针对性，绝无普遍适用性。现在有人把它放大了，认为好校长就是一所好学校。

我曾在一次全国政协的专家讨论会上，听到一个学者的讲话，他说："市长不一定是专家，但必须是能够团结专家、发挥专家作用的专家。"我很受启发。所以，校长不能同时是光电专家、农业专家、科技专家、国防专家、文艺专家、科学专家、教育专家。国家规定的起码有15门以上的课程，加上选修课、活动课，有上百门，校长全行吗？不可能。校长必须是团结所有专家、所有教职员工，发挥每一个教师聪明才智的"教师"。

我主张学术自由，鼓励教师发挥各自所长。不能一个模子衡量所有人，什么事情都瞎指挥。所以要想老师成长得比较好，一让他学习，二让他吃点苦开阔视野，三支持的他学术交流。

我当老师的时候，受苏联影响很深，我印象最深的是乌申斯基讲的一句话：我们的教育不是培养会玩耍的猴子，不是培养会学舌的鹦鹉，更不是培养见风使舵的两面派，而是要培养独立思考的人。这个人就一个特点：独立思考。

首先，我喜欢思考，尤其是换位思考，我很喜欢去体验"穿别人的鞋走路"的感觉，我喜欢去体会教师和家长的想法。其次，我觉得自己善于反思，善于思考。不管是工作中的事情还是家庭、个人的事情，我都喜欢反思，成功了要反思，失败了更要进行反思。而且通常成功了我会更强调客观因素，失败了会更强调主观因素，看是不是由于自己哪里没考虑到，哪里没做到才导致了失败。现在我们学校每次活动结束后都有一个反思的程序。

> **观点5** »
>
> 校长不仅有反思意识，还要有反思行为，即在客观环境的要求下，能够多次主动对自身的行为、决策进行自我省察。

叙事 8-5

我做校长之后要处理周边关系、人际关系、上下级关系等各种关系,有时候我觉得自己处理得不是很理想,如果说遗憾的事情就是我刚当校长的时候有点初生牛犊不怕虎,率先在学校实行了人事制度的改革。现在回想起来当时的改革人文气氛少了一些,虽然我对一些制度、合同都能倒背如流。在那次改革中真有老师下课回家了,因为我觉得他不符合要求。现在想来如果当初再给他一些时间,或者让他参加一些培训也许他就能好一点,但这是后来慢慢才悟出来的。

举个例子来说吧,我们学校在岗的一个数学老师被聘为了年级组长,她是几年前从外校调过来的,但是一年之后就觉得她不太行,一是组织教学不行,另外就是自身功底也不行。我就跟她谈了一次话,说觉得她不行,不想再继续聘用她,但她是一个很谦和的人,除了教学不太好之外其他没什么不好,她就提出让我再给她一年的时间,如果一年之后她还是不能胜任工作就可以辞退她。我答应了。结果一年之后她发生了很大的变化,工作得到了大家的认可,而且越来越好,现在已经再次被聘为年级组长了。现在回想起来,觉得最初我做人事制度改革的时候有点冒进,有点武断。通过这个老师的例子,我以后做这种事情应该更慎重一些,多给老师们一些时间和机会。

观点 6 >>>

校长善于思考,对自己在工作中的行为和结果经常进行自我审视和评价分析,能够在长期思考积累的基础上不断更新认识,形成系统化的理念和实际成果。

叙事 8-6

　　1995 年后，我的思想有了质的变化。也许是那一年我获得的荣誉太多了：五一劳动奖章、国务院特殊津贴等。这些不该我获得的我都获得了，我下一步做什么？没有一个民族是不愿意为下一代的成长贡献自己的一切的。中国的父母太伟大了，但是为什么中国的教育那么僵化呢？为什么人口大国不能变成人力资源大国呢？是遗传有问题，还是教育有问题？

　　我认为中国的教育不仅仅是也不应该是今天这个样子。行政是权利的标志，不是正确的标志。我并不认为领导说的都是对的。对的我会非常努力地去做，不对的我也不打折扣，我会传达，但是我不会做。

　　在不断的教育实践中，1987 年，我首先提出了"合格＋特长"的目标模式，1993 年我又提出了"规范＋选择"的模式。教育不能只教人服从，不允许人选择。只有点头不能摇头的教育，造就不了人才。

二、创新性

　　校长的创新性就是校长在领导管理工作中能够不断研究新问题，形成新观念，提出新方案，有效解决问题。在学校、教育发展处于十字路口时，能够做出重大选择。在思维方法上灵活发散，在见解上新奇独到。创新是社会变革的必需品，是竞争的武器，是发展的动力。

> **观点 1** >>
>
> 创新活动就像"吃螃蟹",因为没有范本可借鉴,加上创造性思维活动是一种探索未知的活动,往往具有一定的风险。这就需要校长的智慧和勇气。校长应拥有显著的学习能力和超前意识,关注思考教育中的重要问题,并对学校的管理和教学工作大胆改革,提出新的解决方法,见解独到,高度自主,有改革魄力。

叙事 8-7

管理者的力量来自三个方面:权力的力量、学术的力量、人格的力量。应淡化权力的力量,强化学术的力量和人格的力量。

2000 年,我们开始引导老师学习多元智力的知识,当时还没有中文版的多元智力研究成果发表或出版,直到 2004 年大家才更多接触到这个概念。我们当时的做法还是有长远目光的。我们现在正研究全脑记忆。这个内容在北师大和华师大这样的高等专业院校还是一个概念。可我们已经进入到了应用的领域。

校长要读书。教书的人不买书,教书的人不读书,行吗?我有 3 个办公室,都摆满了书。不读书怎么行?不读书学术力量何在?教育的问题说到底首先是阅读的问题。为了鼓励教师读书,我采取了一系列的措施和保障机制。现在,我们 35% 的老师已经获得硕士及其以上学位。你读书我奖励,拿到学位时报销全部学费,而且每个月固定提供购书经费,硕士 1000 元,博士 2000 元。不读书没办法让学生满意。我们高中 3 年的语文课是集中突破的,例如,本月集中主打散文,6 本书的散文,全部集中讨论,书本内容只占散文教学模块的 70%。还有 30% 是生活中的散文,师生自己引荐最喜欢的散文,可以从网上下载,也可以从某本杂志上剪切。如果老师不读书,就无法对学生作出指导和引领。我们学校有 113 门选修课,有 56 个学生社团,适应多元智力的发展,我们还有校本课程，校本课程有大纲。一百多门选修课，都是我定的，都是经过严格审核的。

> **观点 2** >>>
> 校长的领导与管理就是一个不断创新的过程。在新的教育改革浪潮中，唯有锐意进取，不断创新，才能使教育事业蒸蒸日上。如果校长能独具慧眼，独辟路径，不断创新，即使是在困难的条件下也能获得意想不到的发展。校长应目光敏锐，深刻掌握教育规律，对政治趋势有个人独特的理解与分析，问题危机意识强，并善于抓住机会，通过资源整合和大胆实践，创造性地解决问题。

叙事 8-8

1992年、1993年，因经费紧张，上海很多学校扩建，把一部分空地或者房子出租，也有办公司、办工厂的。但我觉得这不是解决经费问题的关键因素。当时大家看到的只是教育经费严重不足，却没有看到另外一件更重要的事情——邓小平南巡讲话之后，整个国家的改革开放政策非常好。改革开放意味着更多的外地人进来，就会出现外籍员工子女的教育问题，这是一块没有人思考过的领域，我就开始做这块工作。但同时也会面临另外一个大的问题，我们学校是公办学校，国家不可能提供相应的资金。而如果搞外资引进，会有很多复杂的问题。我觉得，做教育不能单纯从教育这个角度狭隘地思考，必须从更宏观更广阔的角度去思考。

我们并不真正了解国外的基础教育到底是怎样的，我们没有用过他们的教材，也没有接触过他们的教学思想、教学观念。所以我们必须从自身的角度，通过引进国外的教育模式，探究它们究竟好在哪里，以及存在哪些问题。这样对我们的教育改革会有非常大的启示，这是更实实在在的东西。如果我们的教育想要取得成功，就必须经得起外籍人员的检验，让他们认可我们的教育。而且，必须有一定的启动资金来解决这些问题，否则这个学校就开不起来。

实际上，我对这个问题的处理，就是在看清楚形势以后，才下定决心来做的。我的方法是：在教育上，要找对国内教育不那么熟悉的人来做；而在经济上，通过跟外资合作来解决这个问题。学校启动后，争议非常大，在当时的情况下，反对者很多，而且相当激烈。比如有的老师待遇高一点，怎么平衡？外国人来了之后怎么办？有两条路：一条路是按照国内的教育来，让他们适应国内的教育；另外一条路是按照国外的教育方法来做。后一条路很难，前一条路很容易，实际上国内很多人都赞成前一条路。然而从教育的角度讲，我选择后者，尽管后者很艰难。

因为我是搞教育的，搞教育的如果不去研究国际主流教育到底是什么，这是有问题的。它们到底好还是不好，哪些地方好，哪些地方值得我们借鉴？对我来说，必须把这些事情搞清楚，这样在国际上，我们才有自己的声音。但是做起来非常困难，当时学校全部实施小班制、学分制、走班制等国际流行的教学模式，所以孩子进学校以后，他们就感觉跟国外的学校是一样的。

这种工作在当时具有挑战性，局外人认为这个想法是不可行的。我认为校长跟教育理论家是不一样的，教育理论家主要是靠说，能够自圆其说，校长不一样，校长是实践的，必须要把你想的东西付诸实践，而且要取得成功，还要不断地接触新的事物。1993年的时候，我的目标是能把国际学校办起来。1998年、1999年的时候，学校大概有五六百名学生，我这个时候的目标是能够办好一所中型学校，定位发生了变化。现在我们办学的目标是要达到国际最高水平、顶级水平。

> **观点 3** »
>
> 校长在学校中的地位决定了他要承担更重要的责任,这就要求校长不断自我创新,否则学校发展就会原地不动甚至倒退。校长要问题意识创新意识突出,能够深入思考研究教育中的重要问题;在学校管理中进行卓有成效的研究或改革,提出新的方法并产生较大影响;独立思考,高度自主,个性突出,有改革的胆魄。

叙事 8-9

我当校长有一个目标,办一所学校,就要办一所在世界上叫得响的学校,办一所真正有中国特色的品牌小学。中国有几千年的历史和文化教育的底蕴,中国的基础教育,不会比其他国家差,应该在世界上有一些领先的领域,应该有一些带着中国特色、与其他国家优质学校相媲美的小学。这是我的目标。几十年来,我和我的同事们不断思考,用热情、汗水、创造奋斗着,努力要办一所与世界各国先进小学相媲美的小学。

常言说,站得高才能看得远。我曾访问过许多国家的学校,个人的视野开始扩大。我开始用世界的眼光看待我们的教育,我认为品牌的打造,要靠学校的文化,最终靠的是校园精神和校园文化,所以1992年我提出了16字的教育方针:整体观念,主体思想,个性发展,和谐关系。整体是学校、是班级、是个人。学生德、智、体、美是整体,校内校外是整体,整体、主体很符合新课标的要求。主体思想指学校中教师是主体,教育教学中学生是主体。个性发展,也就是个性特征,非常重要。未来社会对人的需求是多层次的、多规格的,不是培养一个模子的学生,素质教育说到底就是开发个性潜能。和谐关系,我认为和谐是保证。天时不如地利,地利不如人和,整个学校处于和谐状态才最重要。

从1992年到1998年、1999年，我提出了"三化"的培养目标，即个性化、现代化、国际化。特别是国际化，我们要培养有国际公民视野的学生。为什么呢？现在的小学生在10多年以后就会大学毕业，那时的中国和世界的融合会更加密切。国际化不是单纯地派人去考察，而是要有培养国际公民的意识和思想，还要培养有国际道德素养的公民，这是我们最缺乏的。国际公民的这种知识、水平、实践能力、创新精神都是我们的学生应该有的。现在谁不适应这种国际化谁就会处于被动状态。

三、学习领悟

校长的学习领悟就是校长在工作过程中积极地获取与工作有关的信息和知识，并对获取的信息进行加工和理解，从而不断地更新自己的知识结构，提高自己的工作绩效。有些校长认为，学习仅仅是青少年的事，自己已是成年人，早已走上工作岗位，而且还当上了学校领导，就没必要进行学习了，这种想法是不对的。终身学习不仅是一种观念、一种态度，而且还是一种需要。校长的学习领悟能力直接影响学校的整体面貌和学校的发展方向。

> **观点 1** >>
>
> 在工作中，善于向他人或创造条件积极学习，充实自己，更新自己的知识结构。深入了解当前教育领域最新的知识和技术，并能够意识到它们在教育领域的作用。社会在不断发展，校长应学会学习，在学习中发展、管理及创新。

叙事8—10

我觉得勤于思考很重要。应该说我这几年还是比较幸运的。我当校长之后，参加了千名校长培训，后来又参加了全国仅有30

人入选的骨干校长培训，全国的培训结束后，2003年我又参加了北京教育学院组织的第二期高研班。这几年我接触了很多专家、教授，了解了诸多国家的教育改革信息。每个专家都是一个领域内的高手，他们有高度、有厚度，所以我觉得自己很幸运。此外，我自己还读了些书，包括课堂教学、教改方面的书等。我读的书比较杂，但是教育理论、教改方面的书我还是比较关注的，还会读一些文学类的报刊杂志，如《青年文摘》《读者》等，现在我在读于丹的一些关于《论语》的书。读的过程中我会思考。另外在实践中也有很多值得学习的东西，包括向老师学习，老师也有很多值得学习的地方，如老师对课堂语言的驾驭、与学生交流的方式等，学习的同时也能从中发现一些问题，所以学习和思考是并行的，是相互促进的，学习促思考，思考促学习。

> **观点2**
>
> 校长是管理者、教育者和领导者，校长在学校组织环境中可以说是权威和榜样，所以，校长自身的学习问题就显得更加重要，校长更需要加强学习。学习是获取知识的重要途径，学习是每个人进步的动力，学习越来越成为人的内在品质。

叙事8-11

我们的教职工大会，一个月开一次，每次一个半小时。我每次都只发言三五分钟，最多不超过十分钟。我讲的主题二十年如一日——学习、提高。当然我每次都有新信息。昨天网上说什么，今天报纸说什么，我都要关注，没新东西不能讲，所以大家觉得我讲话内容还行，都是新信息。我订的杂志、报纸有十几种。我有剪报、写日记的习惯。我随身带着日记，一年一本，日记后面是我的学习笔记。我经常坐飞机、坐火车出差，遇到点滴的心得就及时记下来。每次到机场我都买两三本杂志,如《北京青年周刊》《人物周刊》等。我跟老师们讲话的口头禅很多:一天不学习,你没有资格当老师站讲台;养成好的习惯,比什么都重要。所以学习是与生俱来不可废弃的第一要务。

观点3 >>>

> 身为一个校长,应站在时代的前列,成为一个自觉学习、善于学习的人。学习能力已成为当代领导者最重要的核心能力。在这个日新月异、不断创新的时代,校长面临着更复杂更艰巨的挑战,要想把工作做好,就必须做一个学习型领导,具有勤奋好学的精神,同时,还要善于从自己及别人的成功和失败中汲取经验教训。

叙事8-12

还有一个就是学习的意识,作为一个校长一定要学习,只凭历史经验去管理一所学校往往会失败。失败是成功之母,但是经验往往是失败之父,失败往往是由经验造成的,失败是因为你根据旧的经验去处理新的问题,太过看重经验不做思考就会失败。校长一定要学习,如果不学习就不能跟教师沟通,也不能和孩子沟通。这是一个校长应该具备的品质。所以我主动找到教委组织科,强烈要求给自己一些学习机会。1999年,我参加了教育部组织的培养全国千名骨干教师、跨世纪校长的活动;2001年我参加了清华大学举办的一场校长培训活动;2003—2004年我又参加了北京市教委组织的培训小学骨干教师的科研班,1996年办过一期,我参加的这是第二期。我始终都在参加一些培训,提高自己。我自己还会通过网络进行学习,看一些书。我在校长科研班的时候看到一本书很好,值得一读,就买来给老师们共读。由于我自己有学习意识,所以我要求老师也要学习,我们学校现在还有一个课题是关于"教师学习联合体"的。

> **观点 4** >>
>
> 校长不仅重视学习，而且非常强调学以致用，强调理论与实践的结合。校长通过实践获得了管理经验，也产生了学习需求；通过学习掌握理论，使经验得以概括，使原有的认识得到深化，并将概括了的经验和深化了的认识再运用到教育实践中，使实践更具自觉性。

叙事 8-13

我觉得，第一学习对我很重要。有的时候我读到一些好文章，会打印出来给老师们，有时候也会带到会上说。我跟老师们说，一定要学习，只有学习了，你的眼界和视野才会不同。我从中师毕业后一直都在学习。1981 年中师毕业，当时我是我们学校唯一一个学历合格的，我们的老校长说你别学了，反正你的学历也合格了。后来我没听他的，自己上了大专，上了本科，后来又参加了干训，又读了一个教育管理研究生课程班和中国人民大学的一个公共关系管理课程班。我马上又要到外边上一个高研班了。第二，我经历比较丰富，在各个层次的学校都干过。一段时间，人们都说老师们一直在混，实际上他们每个人都渴望学习，每个人都渴望提高，但是没有这种环境氛围，大多数人只好甘于活着。但是我来了，改变了环境，改变了氛围，他们也都在学习，都在提高。很多人说你早来就好了，我说早来，我也没这本事。所以，对于一个管理者来说，经验学识都很重要。

观点 5 >>>

优秀校长不仅自己学习,还鼓励教师通过各种途径参加培训,并提供各种学习机会,让教师随时随地关注国内外先进的教育思想,关注教改动态,关注科学上的最新发明和发现。

叙事 8-14

我举个例子。去年我正好在出差时,接到一个短信:"校长,报告,我已经到了新加坡。"她是公派去学习 MBA 的老师。这是我从北师大调进的一个女教师,毕业于教育系,不是心理学专业毕业,但是我让她改行,这个孩子很好,作为心理辅导专职教师,在北京市第一个建立心理辅导室。一边学习,一边培养,不到十年的时间,已经成为区优秀教师,在北京市小有名气。其实,我早退了,她报告我干什么。因为是我让她到这个学校来的。我当时说,你在这个学校好好干。

我敢说,当时在北京市没有一个心理辅导室和专职教师。因为我是心理学业余爱好者。20世纪90年代我在上海学习,半年脱产,学习后还得写篇论文,不通过答辩不发你小红本。其实小红本对我没有什么用。我的论文题目是"教师应成为学生的心理保健医",我的论文受到了当时心理学专家的表扬。现在来看,这个观点也不落后。我认为现在的中小学生生理成熟超前,心理成长滞后。因此,从上海回来以后,我想方设法学了好多国外的先进经验,而且在国内我们学校也比较领先,其他学校还没有心理辅导这一行动,我们就建了心理咨询室,而且我还提倡所有教师应成为学生的心理辅导教师。

针对学生的心理健康工作我也做了一些事情。她没来的时候,我就组织了23个老师到北师大心理系函授。23个老师中有数学老师、物理老师、校医、食堂营养管理员、物理实验室的实验员等等。每周学习一次，比行政任务还重。我带头组织，分工协作，没有专职的，轮流进行。我们把心理辅导室建了起来。20世纪80年代末90年代初，我从北京航空航天大学心理咨询中心买了好多软件，然后23人排班，中午你们两人，下午课后你们两人。主要是在中午和下午课后15：00—17：30排班。老师的积极性很高，写文章，搞测试，热火朝天。

有许多名校毕业生来我们学校工作，我都会鼓励他们参加各种学习，因为老师不学习，就教不好学生。

第九章　个人效能

一、自我控制

校长的办学行为也是自我管理的过程。校长在压力环境下能抑制负面行为的发生，也是一种在持续的压力下自我情绪管理的能力。

> **观点 1** »
> 校长遇到问题时能够有效控制个人情绪感受，冷静处理，抑制内心冲动和直接反应。

叙事 9-1

我经常外出进修学习，这时就由书记主持工作，他也确实做得特别好。有次我又出去学习，交代工作时说，暑假招生的时候，由主任、副校长负责，最后一定由书记拍板，这一点说得非常明确。但是最后有一个原不应该招进来的学生被招进来了，这个学生是学校一个老师的侄子。因为副校长非得让他进，结果就进来了。如果从工作职责上说，这是书记的失误，因为我把权力交给他了，他就应该把关。但是他毕竟年轻，毕竟不是校长，虽然我心里特别别扭，但还是控制住了自己的情绪。我没有再埋怨书记，否则我们两人就有矛盾了。

观点 2 >>

在遭受深度压力的状况时，不仅能控制住自己的情感，同时能以积极情感影响他人。能够从他人角度理解他人的态度、行为，能够做出积极的回应，或是以助人的态度来表达对他人的关心。

叙事 9-2

我做校长这么多年没有跟哪个老师拉过脸、发过脾气。很多年轻的校长一不高兴就跟老师拉脸，就在会上激动地批评老师，我没有过。其实，我个性很暴躁，年轻的时候也曾经多次路见不平拔刀相助，看不得人欺负人。但是作为校长，不管面对怎样的人，有意见的没意见的、新来的老的、工作不是那么出色的，我都能容纳。作为校长，我有一个宗旨，那就是我的工作是为了让老师们高兴、愉快。我不允许自己没有理由地向老师们发脾气。在学校里每个人都累，我是最轻松的，我可以自由支配自己的时间，其他人则不行。老师们比我累，他们有学生，有班级管理的任务，有上课的任务。我不同，我想喝茶就喝茶，想听课就听课，想看报纸就看报纸，想坐就坐。所以我没有理由向老师们发脾气，作为校长一定要善待老师，这是最根本的。如果一个学校的校长不善待老师，老师就不会善待学生也不会善待家长，那么学校的管理就会出问题。校长跟老师发脾气，老师转头就会跟学生发脾气。所以善待老师是对校长最基本的要求。我接触的很多校长不懂这一点，管理中出现了各种各样的问题。而我决不容许自己对老师发脾气，要善待老师。

观点 3 >>

在处理问题的过程中，能抑制冲动，并能继续平静地进行谈话或行动。

叙事9-3

在学校老师的晋升环节中有一件事我可能做得不是那么细致，引起了老师的一些不理解、不平衡，还险些发生了一些事故。我们学校的晋升主要依据的是每年的考核，在考核的基础上有一个晋升的方案，由方案来决定晋升你为高级教师还是一级教师。在方案中有几块内容，第一块是自身的一些不可变的指标，如工作年限的长短、学历等，第二块是教职工的评价，第三块是领导对教师的评价。根据多方面的评价最后来决定晋升的人选。我记得有一次，一位老师找到我说她的分数比较高为什么晋升没有她，我问她听谁说的，她不告诉我。其实这是一种错误的理解，她知道的只是一部分分数。当时这位老师的心理非常不平衡，中午饭也没吃，后来就病了，她的家属打电话来找我，最终我跟她通了电话，到医院看了她。我跟她解释说她听到的只是一部分分数并不是晋升的总分。就是因为当初没有解释清楚，险些造成了不好的后果。这件事情让我感到细节很重要，一些小事做不好就很可能引起教职工的心理不平衡。这也是我觉得非常遗憾的一件事情。

二、诚信正直

能依据事物原本的情况处理学校中的问题，不受个人利益、好恶的影响，信守承诺，公正、公平地对待自己和他人以及学校的事务。这是重要的人际交往基础和做人的品格。

> **观点1** >>
> 校长真实反映客观情况，不因个人好恶而使学校政策发生大的改变。遇到利益诱惑时能够顶住压力，坚持原则。正直廉洁，不凭借权力谋取个人私利。对事情进行公平公正的评价和处理。

叙事9-4

我上任之后,原来的司机、会计都没变动。原来的司机是个临时工,是老校长请的,可能他的亲戚朋友觉得我来之后要辞退他,他就想到市场上拉活,但我并没有想辞退他。现在很多企事业单位,一把手换了肯定要触动一部分人,包括司机、会计、保安等敏感部门,但是我一个人也没换,一直到现在,还是原来那些人。我这样做是希望传达给老师们一种信息:这个校长能容人,能按照原来的发展轨道进行管理,而不是一朝天子一朝臣。我来到这所学校后所有政策和变革都让全体员工清楚来龙去脉,因此,我在这所学校的各项工作做得都比较好,大家也很认可。

> **观点2** »
>
> 校长亲身实践、公平合理地处理学校事务,诚信正直是校长心里的一把尺子,也是群众心里的一把尺子,正派、客观、公正、明理,都构成了校长的风格,并能使诚信正直制度化,成为学习文化的组成部分。

叙事9-5

我刚当校长的时候,是我们区最年轻的。正因年轻我觉得压力还是很大的。所以我觉得校长的第一个特点就应该是公正,或者说是正气、正派。做校长这么多年来,我听到过的,包括调离学校的老师,对我的评价都是很高的,觉得我这个校长办事公正。学校评先进或青年岗位的分配制定不是校长一个人说了算的,我们当时要进行无记名测评。比如这个岗位有3个人在竞争,那谁上呢?我们就让3个人做即兴演讲,讲各自的优势和能胜任的理由,然后老师根据他们讲的和他们的能力、表现进行测评。测评以后工会的同志当场唱票,谁最高谁胜任,进行升级。

我认为民主管理一定要程序公正，所以我们学校评选先进，历来都是当场唱票。这样做也建立了一种公正的校风，所以学校很少有老师到我这来告状。这么做也特别有利于学校环境的改善和学校和谐团队的建设。

三、自信心

校长自信心指个体通过分析自己所面临的复杂形势，对自己的能力、价值做出客观、正确认知与评价的一种稳定的性格特征。包括相信自己具备完成某项任务的能力，在处理困难问题的形势下产生想法和积极处理挫败时所具有的信心。自信是一种对自我能力、优势的认可与肯定，是大多数领导者与管理者必备的一种素质。

> **观点1** >>
>
> 校长很乐意接受挑战与寻求额外的新任务，主动迎接挑战，直面困难和未知，相信自己和学生能够经得起考验和挑战。

叙事9-6

我们学校准备办一个文科实验班，当时教育主管部门领导跟我们说，要不要免这些学生的高考？我想了想说："感谢您，但我们不要。"不要的原因有两个：第一，中学生毕竟是孩子，高考对他们的督促有好处；第二，如果我办实验文科班只是怕高考，就没有什么教育实验意义。所以第一届文科实验班临近高考时，我跟学生讲，原来你们是可以不参加高考的，教育主管部门允许，但是我拒绝了。你们可以骂我，但我相信你们自己能考上。学生们都给我鼓掌，很激动。事实上，我们第一届招的文科实验班学生的素质并不高，比普通班还要低10分，但是高考结果非常好。以后一直办下来，社会也逐渐认同了。

> **观点 2**
>
> 校长知难而上，只要是自己认准的事情，就要相信自己一定能够完成，表现出极强的应对复杂形势和困难情境的勇气和决心，即使可能失败也要勇往直前。

叙事 9-7

我们校园里原来住着 150 户居民，借着示范性高中建设的机会全部外迁，这是非常困难的一件事。事情已经过了 5 年了，目前为止，基本上已经搬迁结束。

搬迁过程中发生了非常多不愉快的事情。别的学校可能不一定会遇到，但是对我们来说，不光是遇到了，而且还很特殊，因为这些居民是学校的职工，不是外面的群众，要是外面的群众，拆迁公司去就可以了。因为是自己人，就有很多历史遗留问题，而且有很多人是我过去的老师，他们可以当面公开骂我，甚至举报我。这些事情全都让我碰到了，但是最后也都解决了。

我很理解他们，因为他们为学校奉献了一辈子。但是这件事情必须要做，而我如果做任何一件事情，只要下定决心，就肯定有办法。不管有多少困难，只要是我自己认定的，肯定能解决。解决问题除了靠方法，也要靠时间。无论如何我都坚信，这件事肯定有办法。

四、责任心

责任心指校长能够认识到自己的本职工作对于学校发展的重要性，对属于自己职责范围内的工作，能认真、全面、及时、不打折扣地完成。责任心是一个人良好品质的重要组成部分，是保证工作质量的关键人格特征之一。

> **观点 1** >>>
> 对属于个人职责范围内的工作，校长能够认真负责，公开承担，主动采取措施取得有效工作绩效。

叙事9-8

年轻教师在职称评定方面有时很无助。只有特别优秀的人才能轮上，其他人一般都轮不上。我们学校当时没有指标，找人协商后，上级才答应给我们一个指标。但当时我们的很多干部不赞成。因为学校的人际关系复杂，给谁已经有目标了，但是大家又不情愿给他。在我看来，我们是一个较小的学校，三十五六岁的教师是不愿意在这待的，已经走了3个，留下来的，就是愿意在这儿的，学校工作累，能支持就要支持，至少要让这个年龄段的人看到希望，所以，我力主要，但是副校长和其他同事不主张要。怎么办呢？既然学校是校长负责制，关键问题上还是校长说了算，但是要为此承担责任。最后证明，要是对的，这份希望对年轻教师的意义非常大，在人情和政策上，让留下来的人有信心继续努力，愿意承担更多的工作，表现得更加优秀，这对各年龄段的人都有好处。

> **观点 2** >>>
> 校长不介意个人利益损失，尽力维护集体利益，勇于承担后果，即使面临巨大压力，也要保证工作按标准完成。

叙事9-9

我们学校有一个很小的网校，最初和某家公司合作得比较愉快。后来通过教育部门的介绍，广州一家公司找到学校，当时他们的介绍很令我们动心，但是后来由于许多原因没有合作成功。

而原来的那家合作公司,通过协商,我同意继续以民间的方式继续合作。为了学校的发展,再加上我能够认错,或者说能低下头,我又跟原来的公司谈了合作,再加上它们一直愿意跟我们合作,所以现在两家合作得也比较好。我没有大的权威,我感觉校长只不过是一个位置,离开这个地方我就什么都不是。所以只要能推动学校不断发展,回头跟原来的公司继续合作,我也不存在什么面子问题。但是这件事也给了我一个教训:只有美好的憧憬不够,在未搞懂一个行业前轻率做出决策,会给学校带来不必要的损失。

> **观点3** >>>
> 校长要有责任意识,对工作负责、对社会负责、对校长的岗位负责。校长要通过卓有成效的教育教学培养孩子,奠定他们人生发展的基础。

叙事9-10

现在我们学校有2300名学生,而我刚来的时候有将近5000名学生。这么大的一所学校,教育质量一定要保证,家长把孩子交给你,你应该创造一种适合孩子发展的教育,保证孩子的健康发展,一定要有这种责任意识。我做校长已经有12年了,每天都如坐针毡、如履薄冰。我们一个班有50名学生,班额很大,客观条件造成了教学上的困难,但是我们还是要和其他学校抗衡,甚至要做得比他们好,所以要有安全意识、责任意识和奠基意识。这种责任是社会给的。此外,还要有勇于奉献的精神,寒暑假、节假日、星期天我都在工作,都在思考问题。作为校长就要履行校长的职责,如果说多劳多得、优质优酬,那我应该得到很多,但是我从没有从个人所得方面来考虑。校长还应有示范、引领意识,甘做领头羊。作为校长我永远都比老师们付出得多,每天早上我是第一个到校的,晚上放学我总是站在楼前目送所有的老师和孩子离开才走。要让老师们感觉到他们在校长的关注下发展,让家长们感觉到他们的孩子在校长和老师们的关注下成长。

图书在版编目（CIP）数据

校长成长之路：从教育叙事看校长的胜任特征 / 刘维良，王淑娟著 . —上海：华东师范大学出版社，2017

ISBN 978 - 7 - 5675 - 7184 - 6

Ⅰ.①校… Ⅱ.①刘…②王… Ⅲ.①校长—学校管理—研究 Ⅳ.① G471.2

中国版本图书馆 CIP 数据核字（2017）第 271268 号

大夏书系·学校领导力

校长成长之路
——从教育叙事看校长的胜任特征

著　　者	刘维良　王淑娟
策划编辑	任红瑚
审读编辑	任媛媛
封面设计	百丰艺术

出版发行	华东师范大学出版社
社　　址	上海市中山北路 3663 号　邮编　200062
网　　址	www.ecnupress.com.cn
电　　话	021 - 60821666　行政传真　021 - 62572105
客服电话	021 - 62865537
邮购电话	021 - 62869887　地址　上海市中山北路 3663 号华东师范大学校内先锋路口
网　　店	http://hdsdcbs.tmall.com

印 刷 者	北京密兴印刷有限公司
开　　本	700×1000　16 开
插　　页	1
印　　张	11
字　　数	120 千字
版　　次	2018 年 1 月第一版
印　　次	2023 年 7 月第六次
印　　数	10 001－11 000
书　　号	ISBN 978－7－5675－7184－6/G·10782
定　　价	42.00 元

出 版 人	王　焰

（如发现本版图书有印订质量问题，请寄回本社市场部调换或电话 021-62865537 联系）